Knut Dietrich, Regina Hass, Regina Marek,
Christoph Porschke, Kirsten Winkler

Schulhofgestaltung an Ganztagsschulen

Ein Leitfaden

debus PÄDAGOGIK

Bibliografische Information der Deutschen Nationalbibliothek

Die Deutsche Nationalbibliothek verzeichnet diese Publikation in der Deutschen Nationalbibliografie; detaillierte bibliografische Daten sind im Internet über http://dnb.d-nb.de abrufbar.

www.debus-paedagogik.de

Programmleitung: Peter E. Kalb
Umschlagentwurf: Ohl Design
Gesamtherstellung Wochenschau Verlag
Titelbild: © 007- Fotolia.com

Gedruckt auf chlorfreiem Papier
ISBN 978-3-95414007-7

Inhalt

Vorwort zur Reihe „Praxis Ganztagsschule"

Mit der deutlichen Vermehrung von Ganztagsschulen in der Bundesrepublik, angestoßen durch das Investitionsprogramm des Bundes „Zukunft Bildung und Betreuung" 2003-2007, steigt auch die Nachfrage nach Praxisbeispielen und Erfahrungen. In der gegenwärtigen Literatur werden nur wenige „good practice-Beispiele" vorgestellt. So wichtig diese Veröffentlichungen sind, so sehr lassen sie auch Wünsche offen, was den Fokus auf Einzelaspekte oder Strukturmerkmale von Ganztagsschulen betrifft. Gefragt wird beispielsweise nach „Hausaufgaben/Schulaufgaben/hausaufgabenfreie Schule", nach Aufbau und Funktion einer Spieliothek" oder auch „Modellen der Cafeteriabewirtschaftung" oder ... oder ... oder.

Ganztagsschulspezifische Themenbereiche, die pädagogisch-organisatorische Kenntnisse erfordern, sind – wie wir sagen – „Praxis pur" und es geht um gezieltes Erfahrungswissen unter diesen und jenen Bedingungen. Bei der Vielfältigkeit der Fragestellungen, die sich in Schulen mit ganztägigen Konzeptionen im Gegensatz zu Halbtagsschulen ergeben, müssen unterschiedliche Praktiker und Praktikerinnen zu Wort kommen, diese aber ausgewählt, kundig und erfahren im jeweiligen Themenfeld.

„Praxis Ganztagsschule" ist eine Reihe, mit der in loser Folge ganztagsschulrelevante Themenschwerpunkte in Einzeldarstellungen vorgestellt werden. Jeder Band ist einer konkreten Fragestellung gewidmet, indem aus Expertensicht die wesentlichen Praxisverläufe beschrieben und gleichzeitig Tipps für nachhaltigen Erfolg bei der Umsetzung gegeben werden. Es geht also darum, Einschätzungen zu verdeutlichen oder

Sichtweisen geradezurücken, Anfänger- bzw. Wiederholungsfehler zu vermeiden – aber eben auch darum, einen Beitrag für eine kindergerechte Schule zu leisten und öffentliche Gelder sinnvoll und kostenbewusst einzusetzen.

Die Reihe „Praxis Ganztagsschule" richtet sich an alle, die in der Praxis mit der Umsetzung von Ganztagsschulkonzeptionen zu tun haben, also an Lehrkräfte, sozialpädagogische Fachkräfte und andere Personen pädagogisch-psychologischer Ausbildung, aber auch an Vertreterinnen und Vertreter der Schulträger, der Hochschulen und Lehrerfortbildungsinstitutionen sowie an politische Entscheidungsträger.

Die Herausgeber

Vorwort

Die Schulen sind in Bewegung. Die Notwendigkeit und die Chancen ihrer Weiterentwicklung sind unbestritten. Im Rahmen derzeitiger Reformüberlegungen mag die Frage der Gestaltung von Schulaußenraum eher als Randproblem erscheinen. Dennoch wissen wir, dass sich in der Beziehung zwischen den in der Schule arbeitenden und lernenden Menschen und den räumlichen Gegebenheiten ein Gutteil des Schullebens verwirklicht. Das gilt vor allem für die Ganztagsschulen. Die Art, wie Schüler ihren Lehrern auf dem Schulhof begegnen und wie Schüler miteinander und mit der räumlichen Ausstattung umgehen, bringt die soziale Atmosphäre zum Ausdruck und spiegelt das kulturelle Milieu einer Schule. Die gemeinsame Nutzung des Schulaußenraumes und die Sorge um seine Gestaltung und Pflege kann die Identifikation von Lehrer- und Schülerschaft mit ihrer Schule nachhaltig sichern.

Die Autoren dieses Buches vertreten die Auffassung, dass der Schulraum insgesamt und im Besonderen das Schulaußengelände Teil des Erfahrungs- und Lebensraumes einer Schule sind und in die pädagogische Planung als Teil der Schulentwicklung einbezogen werden sollten. Das Hamburger Forum Spielräume[1] hat über fast zehn Jahre hinweg Schulen in diesem Sinne beraten und unterstützt.[2] Erfahrungen aus dieser Arbeit wollen wir mit diesem Buch verfügbar machen.

Dabei haben wir aus all den Begegnungen mit Schulleitungen, Kollegien und zuständigen Behörden profitiert, die aus ihrer Sicht und Kompetenz unser Vorhaben unterstützt haben. Ausgesprochen hilfreich war dabei die Zusammenarbeit mit den Fachvertretern der Gesundheitsförderung, der Umweltbildung und des Sports. Dankbar haben wir auch die

Hilfen der Unfallversicherungsträger angenommen, die ihre Aspekte einer Sicherheitserziehung eingebracht haben. Besonders fruchtbar war unsere Arbeit dann, wenn die Gestaltung des Schulaußenraumes als Teil der Stadtentwicklung, bzw. der lokalen Quartiersentwicklung verstanden wurde.

Als besonderen Gewinn betrachten wir die Begegnungen mit den Schülern und ihren Lehrern.[3] Erst die Auseinandersetzung mit ihnen hat unsere Erfahrungen zu einem pädagogisch begründeten Konzept der Schulhofgestaltung reifen lassen. Wir danken dem Wochenschau-Verlag, der uns Gelegenheit gibt, einen Teil dieser Erfahrungen an die Schulen zurückzugeben.

Die Autoren

1. Einführung

1.1 Schulhofgestaltung in Ganztagsschulen – das aktuelle Thema

In der Diskussion um die Entwicklung unseres Schulwesens ist der Trend zur Ganztagsschule unverkennbar. Nochmehr als im bisherigen Schulwesen wird die Schulzeit zum „Weg des Kindes“ (Langeveld),[4] zu einer noch stärker vom Erwachsenenleben abgekoppelten Lebenszeit. Das erhöht die Anforderungen an alle Gruppen der Schulgemeinde, eröffnet aber auch neue Chancen der Gestaltung des Schullebens.

Der Schritt zur Ganztagsschule schafft zunächst einmal eine größere Verweildauer der Schüler mit einer Erweiterung des pädagogischen Auftrags der Schule. Neben der größeren Zeitbindung (von Lehrern und Schülern) ist auch eine engere Raumbindung der Schüler und der Lehrer zwangsläufig gegeben. Es entstehen neue Freizeiten und Freiräume mit notwendigen Veränderungen der sozialen Kontrolle und selbst organisiertem Handeln. Ein veränderter Rhythmus von Anspannung und Entspannung, von Konzentration und Erholung muss gefunden werden. Damit rückt der Schulaußenraum in den Blickpunkt pädagogischer Interessen. Er gewinnt als Lebens-, Erfahrungs- und Lernraum an Bedeutung.

Mit unserem Buch verfolgen wir das Ziel, Hilfen zu geben, wie die Raumgestaltung der Schule den neuen Anforderungen angepasst werden kann. Leitend ist die Frage:

- Wie kann die Raumbindung so gestaltet werden, dass man sich in der Schule wohl fühlt, dass man sie als einen Ort erlebt, an dem die Mitglieder der Schulgemeinde ihre Persönlichkeit und ihre Identität entwickeln können?

Solche positiven Raumbindungen entstehen, wenn für Personen die Chance besteht, ihr räumliches Umfeld aktiv mit zu gestalten und wenn sie dort Spuren hinterlassen können und das nicht nur durch verbotene Schmierereien an den Wänden, sondern mit gewünschten Gestaltungen des Raumes. Wie lassen sich Chancen eröffnen, sich in der Umwelt der Schule einzurichten und dort einen Platz zu finden? Diese Fragen stellen sich für jede Form von Schule, für die Ganztagsschule sind sie besonders zwingend.

1.2 Zielsetzung und Aufbau – die Handlungsanleitung

Die vorliegende Studie will eine Anleitung geben, mit welchen Verfahren und welchen systematischen Schritten die Gestaltung der Schulräume, insbesondere des Außengeländes (Schulhof) gelingen kann. Wir greifen dabei vor allem auf Erfahrungen in Schulen in Hamburg seit 1996[5] zurück. Auf dieser Erfahrungsgrundlage möchten wir den Schulen Hilfen geben, wie sie den Prozess der Schulhofgestaltung vorantreiben können.

Wichtig ist uns, diesen Prozess möglichst in den Ablauf des Schulalltags zu integrieren. Das bedeutet nicht nur, die damit verbundenen Lerngelegenheiten zu nutzen, sondern auch, das Leistungspotential der Schulgemeinde insgesamt zu nutzen. Das schließt die notwendige Aktivierung von außerschulischen Partnern (Eltern, Behörden, Sponsoren) ein.

Wir folgen in der Darstellung den Schritten, die nach unserer Erfahrung durchlaufen werden sollten: die *Klärungsphase* (Kap. 2) dient der Erörterung der Gründe für eine Raumgestaltung und der Festlegung der Ziele, die *Planungsphase* (Kap. 3) vergewissert sich des vorhandenen Potentials und erhebt die konkreten Gestaltungswünsche, die *Realisierungsphase* (Kap. 4) beschreibt, wie die gesetzten Ziele umgesetzt werden können, was die Schule selbst tun und wo und wie sie Hilfen von außen organisieren kann. In der *Evaluation* (Kap. 5) werden Vorschläge gemacht, wie man sich des

Erfolges vergewissern und die Nachhaltigkeit sichern kann. Bei all diesen Schritten werden wir immer wieder auf Beispiele unserer Arbeit zurückgreifen, wie sie im *Anhang* (siehe dazu auch Kap. 6 zu finden sind).

Damit der Prozess der Gestaltung des Außengeländes systematisch vorangebracht und kontrolliert werden kann, bieten wir *Checklisten* an. Mit den *Checklisten* werden Zwischenziele gesetzt, an denen Sie den kontrollierten Ablauf prüfen können. Jede Schule, die sich für die Schulhofgestaltung entscheidet, kann entsprechend ihren Planungen eigene Schwerpunkte formulieren und auf der Basis der Checklisten ihre individuellen Meilensteine formulieren.

Ein Wort zur Verwendung dieses Leitfadens

Im Leitfaden sind die Planungsaspekte und -schritte in eine logisch-systematische Abfolge gebracht. Alle sollten im Zuge des Planungsprozesses bedacht werden. Aus der Zusammenarbeit mit vielen Schulen wissen wir aber, dass dabei je eigene Wege gesucht, bestimmte Schritte übergangen oder spezielle Schwerpunkte gesetzt werden. Dafür gibt es in der Regel Gründe. So können die baulichen Ausgangsbedingungen, der aktuelle Prozess der Schulentwicklung oder die gerade verfügbaren Ressourcen eigene Wege nahe legen oder erzwingen, von der hier vorgeschlagenen Abfolge von Schritten abzuweichen. Eine plötzlich notwendige Sanierungsmaßnahme (wie Erneuerung der Kanalisation oder die Entsorgung kontaminierter Böden) mag die Chance eröffnen, die Wiederherstellung der betroffenen Flächen zu ihrer Gestaltung zu nutzen.

Auch die unterschiedlichen Motive, die eine Schule zur Umgestaltung des Schulgeländes bewegen, bringen das Projekt der Schulhofgestaltung auf je eigene Weise in Gang. Mal ist es der Impuls eines einzelnen Lehrers, einer Elterngruppe oder der Prozess wird begonnen, weil von der Behörde Gelder für Sanierungsmaßnahmen bereitgestellt werden. Wie auch immer solche Einzelmaßnahmen der Schulhofgestaltung in Gang kommen, ob aus einer aktuell sich ergebenden Chance oder aus langfristiger Entwicklungsplanung, sie werden nur nachhaltig erfolgreich sein, wenn sie in einem Gesamtkonzept integriert und begründet sind. Der hier angebotene Leitfaden kann zur Prüfung, zur Einordnung und Sicherung von Teilprojekten in einem Gesamtentwurf dienen. Im Anhang sind einige Berichte abgedruckt, die aus der Sicht der jeweiligen Schule bzw. der Moderation den Prozess der Schulhofgestaltung beschreiben. Im Literaturteil des Anhangs finden sich weitere Hinweise.

2. Klärungsphase

2.1 Argumente für die Schulhofgestaltung? – Begründungen

2.1.1 Der Schulhof – welche Probleme er birgt

Zumeist sind es sehr alltägliche Probleme, die zum Ausgangspunkt für Überlegungen zur Schulraumgestaltung werden:

- Die jüngeren Schüler werden von den älteren aus attraktiven Räumen verdrängt,
- ältere Schüler wollen nicht den Pausenraum mit den Kleinen teilen,
- Mädchen haben andere Interessen als Jungen,
- Lehrer beklagen die ständigen Reibereien bei der Aufsicht,
- manche Kollegen meiden die Aufsichten,
- der Hausmeister beklagt die ständigen Zerstörungen und den Schmutz,
- Eltern schreiben Entschuldigungen, warum ihre Kinder nicht an der Hofpause teilnehmen können etc.

Viele Anstöße zur Schulhofgestaltung sind eher aus der Not geboren oder haben sich an Alltagsproblemen entzündet. Sie lassen sich aber auch positiv wenden und sie können zum

Anlass für Wünsche und Ideen werden, die durch die Gestaltung des Schulaußengeländes erfüllt werden können.

Das Außengelände einer Schule ist ein Areal, das von verschiedenen Personenkreisen unterschiedlich wahrgenommen und bewertet wird. Die hier dargestellten plakativen Aussagen sollen diese *Vielschichtigkeit* verdeutlichen. Gemeinsam ist den verschiedenen Perspektiven, dass sie den Hof als einen Raum für Kinder verstehen. Über diesen gemeinsamen Nenner hinaus gehen die Sichtweisen jedoch auseinander. Dies ist durchaus schlüssig, wenn man sich die unterschiedlichen Sichtweisen der Beteiligten anschaut.

Sprechblasen

Lehrer:

- am Ende der Pausenaufsicht bin ich wie gerädert. Ich komme mir wie ein Polizist vor.

Hausmeister:

- Schulhof, das ist täglicher Kampf gegen Müll und Zerstörung.
- Und wann habe ich Feierabend, wenn der Schulhof auch nachmittags geöffnet ist?

Schüler:

- Ich freue mich aufs Kicken.
- Die Großen schubsen mich immer.
- Hauptsache, die Kleinen laufen uns nicht ständig vor den Füßen rum.

Eltern:

- Unser Sohn ist völlig verängstigt, es wäre schön, wenn er in der Klasse bleiben könnte.
- Schulhof umbauen? Mein Schwiegervater könnte mit dem Minibagger kommen.
- Schreiben Sie mir mal auf, was für Werkzeug Sie brauchen.
- Endlich können meine Kinder auch nachmittags auf den Hof!

Nachbarn (Quartier):

- Wenn jetzt auch noch am Wochenende auf dem Schulhof gespielt wird, gehe ich vors Gericht!

Schuleiter/in:

- Wenn was in der Pause passiert, landet das immer bei mir.
- Die Gewalt unter den Schülern und die Zerstörung nehmen bedrohlich zu.

Es zeigt sich, dass der Schulhof Brennpunkt der vielfältigsten Interessen und Bewertungen ist, die oft konträr liegen. Bei einer Neugestaltung des Schulhofes müssen sie aber ernst genommen werden. Für eine Lehrkraft liegt es nahe, das Gelände vor allem als „Aufsichtsgelände“ wahrzunehmen, als einen Ort, an dem aus der Pause Arbeit wird. Es ist schlüssig, dass ein Hausmeister besonderes Augenmerk auf die angemessene Nutzung des Hofes legt. Und es überrascht nicht, dass Kinder den Hof u.a. als Spielort, als Konfliktort oder Erlebnisort wahrnehmen. Die Schulleitung schließlich ist Hausherr und somit „verantwortlich für die Verkehrssicherheit des Geländes“.

Aus der Verschiedenartigkeit wird aber deutlich, dass jede beteiligte Person auf ihre Art ein Geländeexperte ist. Die Arbeit im Rahmen von Beteiligungsverfahren zur Schulhofgestaltung zeigt immer wieder, dass jede an der Schule arbeitende oder lernende Person Aspekte des Geländes benennen kann, die von einem Außenstehenden schlicht übersehen werden. Auch die Nachbarn können oftmals Aspekte benennen, die den anderen Gruppen nicht bekannt sind (z.B. über die Nutzung in den Abendstunden). Den verschiedenen Perspektiven im Rahmen des Umgestaltungsprozesses eine Stimme zu geben, ihr intimes Wissen des Geländes und seiner Nutzungsqualität einzubringen und dabei jede Stimme ernst zu nehmen – das ist die Chance, die die Schulhofumgestaltung als Beteiligungsprozess bietet.

Der Schulhof ist vor allem für die Schüler da. Und da nicht selten alle Schülergruppen vom Grundschulalter (Kl. 1 bis 4) über die Orientierungsstufe (Kl. 5 bis 6) bis hin zu den Schülern ab der 8. Klasse zur selben Zeit am selben Ort versammelt sind, ergeben sich zwangsläufig Reibungspunkte. In der Regel besetzen die verschiedenen Schülergruppen bestimmte Raumzonen, die ihnen von den jeweils anderen zumeist auch zugestanden werden. Ist das Gelände groß genug und in sich gegliedert, werden Regelungen getroffen, verschiedene Hofbereiche bestimmten Altersstufen zuzuordnen. Zusätzliche Probleme entstehen allerdings, wenn es konkurrierende Raumnutzungen gibt, etwa wenn die Mädchen ungestört flanieren, die Jungen aber Fußball spielen wollen.

2.1.2 Der Schulhof – wozu er gut ist

Die Bedeutung, die man dem Schulhof als sozialem Raum zuweist, hat sich in den letzten 30 Jahren gewandelt. Zu jeder Zeit bedeutsam war die Funktion des Schulhofs als *Pausenraum.* Zwischen den Unterrichtszeiten hatten die Schüler Gelegenheit zum *„Luftschnappen"*. Sie konnten *sich austoben* nach längerem Sitzen. Das Verhalten der Schüler auf dem Hof war geregelt durch Haus- und Pausenordnung. Die Aufsicht der Lehrer sorgte für deren Durchsetzung.

Der Schulhof hatte und hat bei genauerem Hinsehen eine Reihe von *weiteren Funktionen*, die je nach räumlichen Gegebenheiten erfüllt sein können: Er bietet *Erholung und Entspannung.* Die Kinder und Jugendlichen können „abhängen". Möglichkeiten zum *Klönen* und zum „Schäkern" werden gefunden. Der Hof wird als *Spielraum* genutzt. Es entwickeln sich eine Reihe typischer Pausenspiele, die vielfältige Möglichkeiten der *sozialen Integration* eröffnen. Bedeutsam ist die freiere *Kommunikation* der Schüler untereinander. Die strenge Gliederung in Altersklassen und Stufen wird für eine gewisse Zeit aufgelöst. Dichter als es die Freizeit am Nachmittag zulässt, können die Kleinen sehen, was die Großen machen, sie können *voneinander lernen.*

In dem Maße, in dem sich eine allgemeine Wertschätzung all dieser Funktionen entwickelt hat, wurde der Schulhof in seiner Bedeutung als *Erlebnis- und Erfahrungsraum* erkannt und zu einem bedeutsamen *Feld schulischer Sozialisation* aufgewertet. Die Chancen, die das Leben auf dem Schulhof bietet, lassen sich nicht allein durch fertige architektonische

Raumgestaltungen garantieren. Die genannten Funktionen des Schulhofs erfüllen sich erst, wenn er zu einer von Schülern *mitgestalteten Umwelt* wird.

Die Bedeutung des Schulhofes kann man sich klar machen, wenn man sich einige seiner Funktionen deutlicher vor Augen stellt, die ein Schulhof haben kann.

Funktionen/Nutzungen

Bewegungsraum
- sportliche Bewegung (z.B. Ballspiele, Rollsport, Seil- und Hüpfspiele)
- in Alltagsbewegungen integrierte Bewegungsformen (z.B. Balancieren, Klettern, Springen)
- Kraftprobe

Spiel- und Freiraum
- frei von unterrichtlichen Verhaltensnormen
- frei für die Kreativität und Spielideen der Kinder

Ruhe- und Regenerationsraum
- Entspannen
- Essen, Trinken
- Durchatmen, frische Luft schöpfen

Kontaktraum, sozialer Lernort
- Treffpunktfunktion
- Kontakte auch über Klassengrenzen hinweg
- ungestörtes, privates Klönen
- eigenverantwortliches Aneignen der Alltagsumwelt

Ort für Naturerfahrung
- verantwortlicher Umgang mit Pflanzen und Tieren in der Alltagswelt
- Jahreszeiten erleben

Unterrichtsort
- Lernen durch Begreifen (malen, messen, zeichnen, beobachten, bauen)
- Lernen an der frischen Luft

2.1.3 Schulhofgestaltung – ein ökologisches Schulkonzept

Grundlage unserer Vorschläge in diesem Buch ist eine Schulkonzeption, die durch die Begriffe, „Schule als Lebensraum" (v. Hentig) oder „Schule als eine insgesamt pädagogisch wirkende Umwelt" charakterisiert ist. Wir sehen die „Schule als Weg des Kindes" (Martinus Langefeld) und folgen einem ökologischen Entwicklungskonzept (Bronfenbrenner, Baake), das Entwicklung als sich ausweitende Eroberung von Lebensräumen versteht. Dahinter steht die grundsätzliche Auffassung, dass Umwelt erziehen kann, wenn man sie angemessen gestaltet und damit eine erfahrungsreiche Auseinandersetzung mit ihr ermöglicht. In diesem Sinne verfolgen wir ein *ökologisches Schulkonzept*. Es wird bestimmt durch die Fragen: Wie wirkt Schule als Ganzes auf die Kinder und Jugendlichen? Welche Lern- und Erfahrungsumwelt erzeugt die Schule? Wie wirkt sie auch über den Unterricht hinaus als Sozialisationsinstanz? Kann die Schule eine soziale, kulturelle Umwelt ausbilden, in der grundlegende Qualifikationen des Zusammenlebens gewonnen werden können? Kann die Gestaltung des Schulhofes zur Beantwortung dieser Fragen eines ökologischen Schulkonzeptes beitragen?

Als Erwachsene wissen wir, wie sehr gerade Orte und räumliche Gegebenheiten *prägend* sein können. Als Teil der schulischen Sozialisation wirken sie manchmal mehr als aller gezielter Unterricht. Wie viele scheinbar nebensächliche Erinnerungen haben wir aus unserer eigenen Schulzeit gespeichert – den Geruch von Putzmitteln, die gleichfarbigen Vorhänge in allen Räumen, die kurzen Einblicke ins Lehrerzimmer, die Raucherecke – eine Liste, die sich beliebig verlängern ließe. Allein diese z.T. tief eingeprägten Erinnerungen verdeutlichen, dass der Gestaltung von Lernorten durchaus Gewicht gegeben werden muss.

Schulhof – ein erfahrungsreicher sozialer Raum

In den Pausen zwischen den Unterrichtszeiten, vor und nach der Schule entsteht auf dem Schulhof eine ungewöhnliche soziale Praxis. Die Schülerschaft, die im Unterricht nach Alter, Schulstufe, Klasse und je gelehrte Fächer gegliedert ist, wird in der Pause in einem Raum zusammengeführt. Was auch in den Zeiten nach der Schule, am Nachmittag oder in den Ferien so relativ selten vorkommt, wird in der kurzen Zeit der Schulpausen soziale Realität: eine Durchmischung verschiedener Alterstufen, Geschlechter und Interessen. Es bildet sich eine neue soziale Ordnung, in der bestimmte Rollen gespielt und eingeübt werden. Ältere Schüler spielen andere Rollen als jüngere, das Verhalten von Lehrern und Hausmeistern wird erkannt, erwartet und zumeist beim eigenen Handeln berücksichtigt. Es wird erfahren, welche Orte auf dem Schulhof im Zentrum der öffentlichen Aufmerksamkeit liegen (vielleicht vor der Pausenhalle), an welchen Orten eine gewisse Zurückgezogenheit möglich ist (vielleicht hinter der Turnhalle), und dass man umgeben von vielen Menschen anonym bleiben kann (vielleicht, wenn nach der Pause alle in die Pausenhalle strömen). Natürlich wissen Schüler auch sehr schnell, welches die „gefährlichen", d.h. konfliktanfälligen Zonen des Geländes sind, wo die „Raucherecken" zu finden sind und sicher auch, wann der Hausmeister seine Kaffeepause macht. Sie lernen den Wert von Natur kennen, wenn neben der Asphaltfläche Buschwerk wächst. Sie erfahren Mitverantwortlichkeit für den öffentlichen Raum, was insbesondere beim Thema Sauberkeit offensichtlich wird. Diese Beschreibungen machen deutlich, dass der Schulhof viel mehr als nur ein Regenerationsraum für Schüler ist. Sie lernen, dass das eigene Handeln den Schulhof als sozialen Raum mitgestaltet.

Schulhof – Ort sozialer Kontrolle

Die Schulpause schafft einen gewissen Freiraum, der Schülern Gelegenheiten zur Selbstorganisation eröffnet. Dennoch bleibt der Schulhof ein schulischer Raum, der pädagogischer Verantwortung unterliegt. In der Pausenaufsicht muss die Spannung von Handlungsfreiraum der Schüler und begrenzendem Eingreifen, zwischen „Lassen" und „Lenken" ertragen und bewältigt werden. Die räumliche Umgestaltung des Geländes kann dazu führen, dass der Hof noch unüberschaubarer wird. Das heißt, dass insbesondere die Aufsicht führenden Personen, nicht ohne weiteres jeden Bereich des Geländes einsehen können, da einfach mehr Nischen und Sichtbarrieren entstehen. Für das Lehrerkollegium ist es daher wichtig, sich von vornherein über ihre „Aufsichtsphilosophie" klar zu werden. Sollen die Kinder permanent im Blickfeld sein, oder soll die „Unsichtbarkeit" der Kinder akzeptiert werden? Die Erfahrung zeigt dabei allerdings, dass Kinder auch bei mehr oder weniger offen gestaltetem Gelände dorthin streben, wo Büsche, Ecken oder andere Elemente die Sicht verdecken. Ein Leitziel der Aufsichtsführung muss die Sicherheit der Schüler sein. Als unverzichtbarer Teil der „Aufsichtsphilosophie" muss die Bemühung um Sicherheit immer wieder sichtbar bleiben: kontinuierlich, aktiv, präventiv.

Schulhof – Brücke in den Stadtteil

Ein weiterer Aspekt öffnet der Schule eine große Chance im Rahmen einer Schulhofumgestaltung: die Öffnung in das Umfeld der Schule hinein. Das Hofgelände der Schulen ist in der Regel eine relativ große, halböffentliche Fläche, die gerade in stark verdichteten Quartieren hohen Wert besitzt. Kindern, aber auch Familien, kann durch den Zugang zu diesem Gelände an den unterrichtsfreien Zeiten ein hochattraktives Raumpotential zur Verfügung gestellt werden. Der Schule als Institution eröffnet sich durch dieses offensive Zugehen auf die Menschen im Quartier zum einen die Chance, sich als offene Schule für zukünftige Schülergenerationen zu empfehlen. Zum anderen stärkt sie ihre Rolle innerhalb der Struktur der Einrichtungen im kommunalen Netzwerk. Schule verdeutlicht damit ihre Bedeutung nicht nur als pädagogische Institution, sondern auch als ein wichtiges Stück Lebens- und Erfahrungsraum junger Menschen.

2.1.4 Schulhofgestaltung – welche Chancen sie eröffnet

Schulhofgestaltung – ein Bildungsauftrag

Die in diesem Buch aufgezeigten Möglichkeiten der Einbindung der Schulraumgestaltung in das Schulleben korrespondieren mit wichtigen Bildungsaufgaben der Schulen. Die Bezüge zum *sozialen Lernen* sind wohl deutlich geworden. Hier kann die Schaffung eines entspannten sozialen Milieus eine Reihe von Problemen mildern, wie Eindämmung von Gewalt oder Schwierigkeiten bei der sozialen und kulturellen Integration. Die allgemeine Aufgabe der Schule, die *körperliche Entwicklung* der Kinder zu fördern, wird durch ein Angebot an Spiel- und Bewegungsmöglichkeiten angesprochen. Hier gibt es bereits eine Reihe von Vorschlägen, etwa zur „aktiven Pause“ und zum Konzept der „bewegten Schule“. *Bewegungsförderung* dieser Art ist in Verbindung mit gesunder Ernährung inzwischen ein anerkannter Bestandteil der *Gesundheitsförderung*. In dem Maße, in dem der Schulraum als gestaltbare Umwelt in den Blick gerät, wird seine Gestaltung zu einem wichtigen Aspekt der *Umwelterziehung und Umweltbildung*. Diese allgemeinen Bildungsziele der Schule werden im Schulleben insgesamt verfolgt. Auf der Handlungsebene des Unterrichts kann der Schulhof auf vielfältige Weise zum *Lernort und Unterrichtsort* werden.

Schulhofgestaltung – ein Beispielfall demokratischer Entscheidungsprozesse

Der Anspruch, die nachwachsende Generation in demokratische Entscheidungsstrukturen einzuführen, lässt sich mit der Beteiligung an der Gestaltung des Schulhofes beispielhaft verfolgen. Der Schulhof ist der *ureigenste Interessensraum* der Schüler. Hier können sie lernen, was es heißt, unterschiedliche Vorlieben zu respektieren, Konflikte fair auszutragen und Eigenverantwortung zu übernehmen. Und das in den unterschiedlichsten „Machtpositionen“, beginnend als „die Kleinen", endend als „die Großen". Die Schule ist eine bedeutende, unmittelbar erlebte Institution der Gesellschaft. Sie wird von Schülern selbst mit konstituiert. Das wird gerade in den gemeinsamen Aktionen zur Schulhofgestaltung erfahrbar. Die Beteiligung der Schüler an allen Schritten zur Schulhofgestaltung, der Ausgleich persönlicher Interessen mit Gruppeninteressen kann zum Beispielfall demokratischer Entscheidungsprozesse werden.

Schulhofgestaltung – Entwicklung von Gestaltungskompetenz
Schulhofgestaltung ist eine Möglichkeit für Schülerinnen und Schüler, Gestaltungskompetenz zu erwerben. Sie können sich Fähigkeiten aneignen, die unmittelbaren Alltagsbezug haben und nicht in eine Anhäufung von „trägem Wissen" (Weinert) münden. Mit Gestaltungskompetenz wird eine spezifische *Problemlösungs- und Handlungsfähigkeit* bezeichnet (de Haan 2004). Gestaltungskompetenz zu besitzen bedeutet, über Fähigkeiten, Fertigkeiten und Wissensbestände zu verfügen, die Veränderungen im Bereich ökonomischen, ökologischen und sozialen Handelns möglich machen, ohne dass diese Veränderungen immer nur eine Reaktion auf erzeugte Problemlagen sind. Mit der Gestaltungskompetenz kommen die offene Zukunft, die Variation des Möglichen und das aktive Modellieren in den Blick. Verantwortungsvolle Mitbestimmung und Mitarbeit bei der Schulhofgestaltung schafft hier wichtige Erfahrungsfelder.

Schulhofgestaltung – ein Schritt vom Symptom hin zur Ursache
Wie wir bereits (in Kap. 2.1.1) hervorgehoben haben, ist der Ausgangspunkt zumeist ein drängendes Problem im Schulalltag, ständige Pausenkonflikte, Langeweile, Zerstörung, Gewalt ... Doch sollte man sich bewusst sein, dass solche Probleme nur Ausdruck von tiefer verwurzelten Konflikten sind:

Prallen in den Schulen doch nicht nur unterschiedliche Altersgruppen und soziale Herkünfte aufeinander, sondern verschiedenste kulturelle Herkunft und Gebräuche sowie gesellschaftliche Misslagen, wie zunehmende Gewaltbereitschaft. Zu erwarten, solche Spannungen lösten sich von alleine, ist nicht nur naiv, sondern seit langem von der Wirklichkeit an den Schulen ad absurdum geführt worden. Hier sind Handlungskonzepte nötig, die dem Grundsatz der Mitbestimmung folgen und die Interessen aller Beteiligten bei der Schulhofgestaltung berücksichtigen.

Schulhofgestaltung – kein Allheilmittel
Natürlich kann Schule nicht alle gesellschaftlichen Missstände ausgleichen. Mit Recht stöhnen die Kollegen auf, wenn ihnen ein neues „Allheilmittel“ verordnet wird. „Wir wollen endlich mal Zeit für den normalen Unterricht haben!“, ist eine häufige Reaktion auf den enthusiastischen Versuch, Schulhofumgestaltung zum Schulprogramm zu machen. Doch damit wird das Kind leider schon mit dem Bade ausgekippt, denn auf dem Weg zu einem lebendigen Schulhof gibt es viele Schritte, die den „normalen Unterricht“ bereichern können.

2.2 Grundsätze der Schulhofgestaltung

2.2.1 Bevor es losgeht – wovon wir ausgehen

In der Klärungsphase (Kap. 2) sind die Bedeutung des Schulhofes und die Erwartungen an seine Gestaltung erörtert worden. Bevor wir uns dem Projekt Schulhofgestaltung selbst zuwenden, wollen wir die Grundsätze skizzieren, denen wir in unserer Handlungsanleitung folgen. Wir sind uns dabei darüber im Klaren, dass diese Grundsätze in der traditionellen Diskussion um die Schulentwicklung nicht immer leitend waren. Lange Zeit gehörte die Gestaltung, Ausstattung und Renovierung der Schulräume allein in den Aufgabenbereich des Schulträgers. Mittel dafür wurden langfristig festgelegt, der jeweilige Bedarf im Rahmen der baulichen Standards definiert und die Bau- und Reparaturmaßnahmen – nicht selten ohne Rückkoppelung mit der betroffenen Schule – in Auftrag gegeben.

Dies hat sich in den letzten Jahren deutlich geändert. Immer mehr werden die Entscheidungen zur Gestaltung des Schulraumes in die Hände der Schulen selbst gelegt oder auch zunehmend von den Schulen als Gestaltungsmittel beansprucht. Auch über Finanzierung, Budget und Haushaltsplanung sollen Schulen in Zukunft autonom entscheiden können. Damit erweitert sich das Spektrum ihrer Aufgaben, es eröffnen sich damit zugleich die Chancen für eine aktive Gestaltung des Schullebens und die Entwicklung eigener Schulprofile.

Für die Schulen und ihre Leitungsgremien entsteht damit eine neue, z.T. ungewohnte Aufgabe, die quer zu den vom Unterricht bestimmten Alltagsaktivitäten zusätzlich geleistet werden muss. Sie kann nur gelingen, wenn in der Schulgemeinde über die Bedeutung dieses Prozesses Einvernehmen erzielt wird. In unserer Arbeit mit Hamburger Schulen haben wir uns zu Beginn des Prozesses der Schulhofgestaltung in folgenden Grundsätzen um Übereinstimmung bemüht:

- Schulraumgestaltung ist ein Teil des pädagogischen Programms einer Schule.
- Alle Mitglieder einer Schulgemeinde sind am Umgestaltungsprozess zu beteiligen.
- Der Umgestaltungsprozess ist grundsätzlich unabschließbar: auch neue Schüler und Lehrer müssen die Bewohnbarkeit ihrer Schule mitbestimmen können.
- Eine so gestaltete Schule muss sich öffnen (Stadtteil, Wohnumfeld, Stadtkultur) und als Spiel- und Bewegungsraum auch außerhalb der Schulzeit zur Verfügung stehen.

- Alle Phasen der Schulhofgestaltung müssen durchlaufen und realisiert werden, wenn das Gesamtprojekt gelingen soll.

In den weiteren Ausführungen dieses Buches werden diese Grundsätze weiter erläutert und transparent werden. Prüfen Sie in Ihrem Kollegium, ob Sie mit diesen Grundsätzen übereinstimmen und was sie für Ihre Schule konkret bedeuten!

2.2.2 Wenn es dann endlich losgehen soll – Wie packen wir es an?

Anstöße zu einem Projekt der Schulhofgestaltung können von verschiedenen Seiten ausgehen (siehe dazu Kap. 2.1). Wenn wir unseren Erfahrungen folgen, waren es oft Baumaßnahmen auf dem Schulgelände (Neubauten, Renovierungen oder Umbauten), die auch den Außenraum tangierten und Gelegenheiten zur Gestaltung des Schulhofes schufen. Verstärkt wurde die Notwendigkeit nicht selten durch die sozialen Probleme in der Schulpause. Anstöße kamen auch von den Eltern, die an die Schulleitungen herantraten. In anderen Fällen wurde die Gestaltung und Öffnung des Schulgeländes als Teil der sozialen Stadtentwicklung betrachtet, von dort aus finanziell unterstützt und vorangetrieben.

Neuerdings sind es (wie in Kap. 1 angedeutet) die erweiterten Funktionen, die der Schulaußenraum in der Ganztagsschule hat, die zusätzlich zu Gestaltungsüberlegungen zwingen. Im Zuge dieser Überlegungen werden auch die Möglichkeiten des Schulhofes als Erfahrungs- und Lernraum betont und die Chancen zur Bewegungsförderung, Umweltbildung und zum sozialen Lernen erkannt. Die mit all diesen Erwartungen angesprochenen speziellen Ausgangslagen führen zu deutlich unterschiedlichen Weisen des Vorgehens. Sie bewegen sich in der Regel im Spannungsfeld gegensätzlicher Positionen:

Entschlossen oder bedächtig?
Manche Gruppen der Schulgemeinde möchten am liebsten sofort anfangen. Andere Schulen sind bedächtiger, möchten zuerst mehr über Aufwand und Chancen der Aktion wissen – auch unter dem Eindruck, dass manch ähnliches Vorhaben bereits früher versucht wurde und im Sande verlaufen ist. Solche Abwägung der Möglichkeiten ist von Nutzen, vor allem wenn man eine nachhaltige Wirkung erzielen möchte.

Kleine Schritte oder visionäres Gesamtkonzept?
Kleine erste Schritte mit sichtbaren Veränderungen (Schulhof reinigen, Sitzgelegenheit schaffen, Blumenzwiebeln ausbringen) zeigen, „dass es losgeht". Verständlich ist der Wunsch, möglichst schnell etwas Vorzeigbares zu realisieren. Diese konkreten Vorhaben aber brauchen einen Ort in einem Gesamtkonzept. Das schnell Machbare sollte nicht über die Vision einer umfassenden Umgestaltung des gesamten Schulraumes dominieren.

Marginales oder zentrales Anliegen?
Viele Schulen, die sich zur Ganztagsschule entwickeln, stehen vor einer grundlegenden Umgestaltung. Auf diesem Hintergrund wird die Schulraumgestaltung häufig als ein eher marginales Anliegen gesehen. Andererseits besteht die Chance, die Schulhofgestaltung in den Zusammenhang eines zu entwickelnden Schulprogramms zu stellen. Gerade die Gestaltung des Schulraumes kann das Profil einer Ganztagsschule nach innen und außen veranschaulichen.

Sanierung oder pädagogisches Programm?
Traditionell wird die Schulraumgestaltung eher als ein technisches Problem gesehen, als eine Sanierungsmaßnahme, die von Mal zu Mal notwendig wird. Dafür sind zumeist die Behörden (z.B. die Gartenbauämter) zuständig, denen man in der Regel diese Aufgabe bisher überlassen hat. Wie eingangs

betont, wird hier die Schulraumgestaltung als ein pädagogisches Programm mit einer Vielzahl von Beteiligungs- und Lernchancen der Schüler gesehen. Notwendige Sanierungen können allerdings mit dem Anliegen der pädagogisch wirksamen Raumgestaltung verbunden werden.

Eigenleistung oder Fremdförderung?
Gerade das Verständnis der Aktion als pädagogisches Programm mit dem Ziel der Ausprägung eines eigenen Schulprofils erfordert, dass die Aktion maßgeblich von der Schulgemeinde getragen wird. Es gibt aber auch Hilfen, die neben Anleitungen zur Schulraumplanung (Broschüren, Erfahrungsberichte) auch Hinweise zur Prozessorganisation und finanziellen Förderung enthalten. Auf die Leistungen des Schulträgers kann und muss zurückgegriffen werden.

Delegieren oder Beteiligen?
Über das mögliche Verfahren, bzw. die Form des weiteren Vorgehens bestehen in der Regel sehr unterschiedliche Vorstellungen. Grundsätzlich muss auch entschieden werden, ob die Moderation des gesamten Prozesses von der Schule (der Schulleitung, einer Arbeitsgruppe) übernommen wird, oder ob bestimmte Phasen (z.B. der Meinungsbildung) mit ihren latenten Konflikten durch eine Moderation von außen gesteuert werden. Es gibt allerdings Entscheidungssituationen, in denen die Einbeziehung von Fachleuten unumgänglich ist. So etwa der Landschaftsarchitekt, wenn es um sachgerechte Gestaltung von Naturräumen geht; der Sicherheitsexperte des Unfallversicherungsträgers, wenn es um die Aufstellung von Geräten oder Bodengestaltungen geht.

Fachspezifisches oder Fächer übergreifendes Problem?
Die Delegation an „zuständige“ Fachvertreter wird nicht selten als Lösung der Organisationsprobleme gesehen. Ökologische Gestaltung, Begrünung oder Schulgarten überlässt

man in diesem Sinne den Biologen, die Gestaltung von Bewegungsräumen dem Sportlehrer. Offen ist dabei jedoch, ob damit die allein Zuständigen angesprochen sind. Denn die Gestaltung des Schulraumes ist (ähnlich der Einrichtung der privaten Wohnung) eine Sache der Bewohner und zwar aller Bewohner. Die Gestaltung der schulischen Lebenswelt braucht Fachleute, aber sie kann nicht Fachvertretern allein überlassen werden. Allerdings wird der Versuch, alle in einen Prozess der Gestaltung einzubinden, vielfach als unlösbare bzw. allein von der Schule nicht lösbare Aufgabe gesehen.

Grenzen setzende Ohnmacht oder Mut zur Veränderung?
Häufig markieren beteiligte Schulen eher Grenzen, die angesichts der aktuellen Schulprobleme (Finanzprobleme, Personalkapazitäten, ständige Umstrukturierungserwartungen, neue Aufgaben, Arbeitszeitregelungen, ...) einer grundlegenderen Schulentwicklung entgegenstehen, als dass sie mutige Visionen entwerfen. Verständlich ist eine gewisse Ängstlichkeit vor weit reichenden Planungen, weil weder die Durchsetzungsmöglichkeit in der Schule selbst noch die notwendige behördliche Unterstützung (einschließlich Finanzierung) klar ist. Dennoch: Mut zur Veränderung wird auch in kleinen Schritten sichtbar.

Es gibt, wie sichtbar geworden ist, viele Möglichkeiten in das Projekt der Schulhofgestaltung einzusteigen. Die vorliegende Handlungsanleitung soll helfen, die möglichen Schritte und die unterschiedlichen Zugänge in ein Gesamtprojekt einzuordnen.

2.2.3 Prozess sichernde Aufgaben – den roten Faden nicht verlieren

Um die vielen Einzelmaßnahmen zu einem Gesamtprozesses zusammenzufügen sind einige Aufgaben durchgängig wahrzunehmen, die die Organisation des gesamten Projektverlaufes nachhaltig sichern:

- *Moderation* – Wer nimmt die Sache in die Hand?
- *Beteiligung* – Wie lassen sich die Gruppen der Schulgemeinde (Lehrerschaft, Schülerschaft, Elternschaft, Angestellte…) einbeziehen?
- *Transparenz* – Wie lässt sich der Fortgang des Vorhabens transparent machen?
- *Evaluation* – Woran sehen wir, dass wir vorankommen und unser Vorhaben erfolgreich ist?

Moderation – Wer hält die Fäden in der Hand?
Die Moderation ist eine sehr wesentliche und sensible Bedingung für den Erfolg der Schulhofgestaltung. Die Erfahrungen zeigen, dass die Person des verantwortlichen Moderators oder der Lenkungsgruppe über ein hohes Maß an Koordinations- und Kommunikationsfähigkeit verfügen muss. In den meisten Fällen bilden sich Arbeitsgruppen, die die weitere Arbeit in die Hand nehmen. Es sollte allerdings von vornherein darauf geachtet werden, dass alle Gruppen der Schulgemeinde an einer solchen Arbeitsgruppe beteiligt sind: die Lehrerschaft, die Schülerschaft, Elternschaft, Hausmeister und Angestellte. Die Moderation ist zuständig für die Lenkung des Projektes. Wichtig ist, dass die einzelnen Schritte, die zur Schulhofgestaltung durchlaufen werden müssen, gesichert sind. Als Orientierung kann auf die Phasen zurückgegriffen werden, wie sie hier in diesem Buch zur Strukturierung des Projektverlaufes vorgeschlagen werden.

Zur Beratung kann – zumindest für entscheidende Phasen des Projektes – auch ein Moderator von außen bestellt werden, der über Erfahrungen bei der Strukturierung von Schulentwicklungsprozessen verfügt. Legen Sie fest, wer für die Moderation zuständig ist: Schulleitung, Arbeitsgruppe oder Moderator von außen.

Nicht wenige Projekte dieser Art scheitern an einer unzureichenden Moderation. Die besonderen Schwierigkeiten liegen darin, dass das Projekt Schulhofgestaltung quer zu den Alltagsaufgaben einer Schule, über die sozialen Gruppierungen von Klassen und Fächern und auch über die zeitlichen Gliederungen (Unterrichtszeiten, Schuljahr, Schulferien) hinweg durchgehalten werden muss. Der Erfolg ist schließlich abhängig von einer guten Zusammenarbeit zwischen Moderation und Schulleitung. Wer auch immer die Moderation übernimmt, ein Mitglied des Kollegiums, eine Arbeitsgruppe Schulhofgestaltung oder auch eine Person von außen, sie muss – wenn auch begrenzt – Entscheidungskompetenz übernehmen können. Eine weitere Schwierigkeit besteht darin, dass diese Sonderaufgaben Zeit kosten. Die neuen an Schulen inzwischen üblichen Arbeitszeitmodelle erlauben es, bestimmte Stundenkontingente für diese Aufgaben als „Funktionsstunden" bereitzustellen.

Die Moderation muss zudem sichern, dass alle beteiligt werden, dass das Vorhaben möglichst transparent ist und dass der Erfolg geprüft und gesichert wird. Wenn Schulhofgestaltung im hier dargelegten Sinne als ein Projekt zur Schulentwicklung verstanden wird, ist es in jedem Falle sinnvoll, Beratung für eine systematische Moderation einzuholen. Die Schulbehörden verfügen in der Regel über Berater, die angefordert werden können. Angeboten werden Beratung und Moderation auch als kostenpflichtige Dienstleitung. Empfohlen wir eine solche Moderation von außen vor allem für die konfliktreichen Entscheidungsphasen.

Beteiligung – Wie können wir alle einbinden?

Diese allgemeinen Forderungen sind im Rahmen der pädagogischen Institution Schule längst präzisiert worden. Die Forderung nach Schülermitverwaltung ist in den Schulgesetzen verankert. Nicht immer ist sie allerdings im Schulalltag lebendig. Schulen, die Kinder- bzw. Schülerkonferenzen gebildet haben, können auf diese Einrichtung zurückgreifen.

Für die Schulhofgestaltung sind zum Teil eigene Wege der Beteiligung gefunden worden. Sie unterscheiden sich im Bezug auf die Verfahren (Übertragung allgemeiner Verfahren in den Raum der Schule) und in Bezug auf den Ort der Beteiligung (im Unterricht oder im außerunterrichtlichen Bereich des Schullebens). Da die Schüler wie alle anderen Gruppen der Schulgemeinde die Chance haben sollen, im Grundsatz an allen Schritten (s.o.) beteiligt zu sein, werden wir an der jeweiligen Stelle Vorschläge für Beteiligungsverfahren und die Art ihrer Durchführung anbieten (siehe dazu auch die Ausführungen über die Öffentlichkeitsarbeit). Das Kap. 3.6 stellt „Methoden beteiligungsorientierter Planung" bereit.

Bei aller grundsätzlichen Anerkennung der Notwendigkeit von Beteiligung gibt es allerdings auch eine Reihe von z. T. latenten *Vorbehalten gegen die Beteiligung.*

Mit folgenden Gegenargumenten ist zu rechnen:

- Zeitaufwand (das kostet zu viel Zeit)
- Kosten (das wird zu teuer!)
- Fachkompetenz (die haben keine Ahnung, die Fragen der Raumgestaltung sollte man Fachleuten überlassen!)
- Zuständigkeit (das ist unsere Aufgabe!)
- Macht (wir geben das Geld, also haben wir das Recht zu entscheiden!)
- Demokratischer Legitimationsanspruch (wofür bin ich gewählt?)

Die Forderung nach Beteiligung macht zum Grundsatz, was schon in der UN-Kinderrechtskonvention niedergelegt ist, „dass Kinder und Jugendliche Träger eigener Rechte sind, die beachtet werden müssen". In der Agenda 21 ist in diesem Sinne die aktive Einbeziehung von Jugendlichen in Entscheidungsprozesse gefordert. Der §8 (1) des Kinder- und Jugendhilfegesetzes besagt: „Kinder und Jugendliche sind entsprechend ihrem Entwicklungsstand an allen sie betreffenden Entscheidungen der öffentlichen Jugendhilfeplanung zu beteiligen". Bundesländer (wie Schleswig-Holstein) legen eine Beteiligung von

Kindern und Jugendlichen bei Planungen in ihrer Gemeindeordnung fest. Die Kommunen fordern in ihren Entschließungen zur lokalen Agenda die Beteiligung im Rahmen der Stadtplanung (Bauleitplanung und Sanierung).

Die Forderungen der Beteiligung sind Teil der Bemühungen um eine familien- und kinderfreundliche Stadt. Die Forderung nach Beteiligung gilt natürlich auch für die Erwachsenen. Für Lehrer, die Angestellten und den Hausmeister ist die Schule Arbeitsplatz. Sie haben das Recht, in die Gestaltung ihres Arbeitsplatzes einbezogen zu werden.

Derzeit ist die Beteiligungskultur in den Städten und Gemeinden, in den Stadtteilen und Quartieren unterschiedlich entwickelt. Gerade die Forderung der Beteiligung von Kindern und Jugendlichen wird noch nicht immer mit der notwendigen Ernsthaftigkeit und Nachhaltigkeit verfolgt.

Dagegen stehen einige überzeugende *Argumente für die Beteiligung.*[6]

Das praktische Argument:

- Die Nutzer (Schüler und Lehrer) sind selbst die Fachleute vor Ort
- An ihre guten und schlechten Erfahrungen kann angeknüpft werden

Das pädagogische Argument:

- Bewegungsraumgestaltung wird als gemeinsame Aufgabe verstanden
- Die Bindung an den gestalteten Raum fördert die Verantwortung für seine Erhaltung und Pflege
- Beteiligen und Selbermachen sind Aktivitäten der Aneignung und damit eine Form der Entwicklungsförderung

Das politische Argument:

- Die Probleme und Bedürfnisse der Nutzer (Kinder/Jugendliche) werden ernst genommen und zum Gegenstand öffentlicher Auseinandersetzung
- Mitbestimmung fördert die Fähigkeit zum Diskurs und zum Finden von Kompromissen. Das sind Grundübungen in Sachen Demokratie

Das finanzielle Argument:
- Beteiligung ist praktische Selbsthilfe und kann auch für die dauerhafte Pflege Kosten sparen
- Es werden Qualitäten geschaffen, die man nicht kaufen kann. Diese verleihen dem gestalteten Raum eine individuelle Prägung

Das Nachhaltigkeits-Argument:
- Was man mitgeplant und mit eigenen Händen geschaffen hat, das macht man nicht kaputt
- Das schafft wirksame Barrieren gegen Vandalismus

Transparenz – Wie können wir die Öffentlichkeit gewinnen?
Beteiligung hat zur Voraussetzung, dass man über das Vorhaben der Schulhofgestaltung informiert ist, dass man Bescheid weiß, was bereits geschehen ist, was aktuell läuft und was geplant ist. Grundlage möglicher Beteiligung ist es, informiert zu sein. Es gibt also eine Mitteilungspflicht. Die Frage lautet: Wie lässt sich der Gesamtverlauf und der Fortgang des Vorhabens transparent machen? Gefordert ist eine Öffentlichkeitsarbeit, die sich intern an die gesamte Schulgemeinde richtet, aber auch eine, die die Öffentlichkeit außerhalb der Schule erreicht und auf diesem Wege jene Instanzen, Behörden, Einrichtungen und Partner anspricht, von denen Hilfe erwartet oder gefordert werden kann. Diese interne und externe Öffentlichkeitsarbeit umfasst folgende Aufgaben:

Interne Öffentlichkeitsarbeit: Informationen der Schulgemeinde (Lehrerschaft, Schülerschaft, Angestellte und Eltern). Informiert sein ist die Voraussetzung für Beteiligung! Es muss deshalb entschieden werden, wie die einzelnen Gruppen der Schulgemeinde erreicht werden können:
- Sind die Eltern informiert (Elternbrief, Klassenelternabende, Klassenelternbeirat, Schulelternbeirat ...)?
- Sind die Angestellten, insbesondere der Hausmeister einge-

bunden (Dienstbesprechungen, regelmäßige Teilnahme des Hausmeisters an der Arbeitsgruppe Schulhofgestaltung ...)?

- Wie werden die Schüler informiert und aktiviert (über die Klassenlehrer, über den Schülerrat, Infobrett im Schuleingangsbereich mit Bildern, Plänen, Rückfragen, Aufrufe zur Mitarbeit, Infoaustausch, Fotodokumentation und Wunsch-Collagen, Wunschbriefkasten ...)?
- Wie erfährt die Lehrerschaft, was gerade läuft (pädagogische Konferenz, Schulkonferenz, Protokolle an alle über die Sitzungen der Arbeitsgruppe, Anschlagbrett, Infotafel im Eingangsbereich der Schule, Aufrufe zur Mitarbeit)?

Externe Öffentlichkeitsarbeit: Es ist unumgänglich, die Dienststellen, mögliche Förderer und Partner im außerschulischen Bereich gezielt und rechtzeitig anzusprechen. Die Vertretung der Schule nach außen ist die Aufgabe der Schulleitung. Fragen sind:

- Ist der Elternrat einbezogen worden(soweit er nicht schon als Teil der Schulgemeinde angesprochen wurde)?
- Sind die Fachreferate der zuständigen öffentlichen Stellen in ihrer Kompetenz angefragt worden (Gartenbauabteilungen, Baubehörde des Bezirkes, Unfallkassen zur Sicherheitsprüfung ...)?
- Konkrete Hilfsanfragen bei privaten Firmen (Pflanzen, Bänke, Material ...).
- Ist die prinzipielle Unterstützung – und gegebenenfalls die Genehmigung der Schulbehörde angefragt (Schulraumgestaltung als Teil des Schulprogramms, Verbindung der Raumgestaltung mit dem Schulprogramm, bzw. -profil)?
- Welche möglichen unterstützenden Partner und Förderer sollten angesprochen werden? (Bitte um ideelle Unterstützung, Informationsblatt über das Projekt, Anträge auf finanzielle Unterstützung bei Stiftungen, Versicherungen, Unfallversicherungsträger, Banken, Firmen ...).

- Was sollte über die Medien der lokalen und überregionalen Öffentlichkeit mitgeteilt werden?

Für alle diese Aufgaben der internen und externen Öffentlichkeitsarbeit sind Personen zu benennen, die zuständig sind. Der Erfolg der Öffentlichkeitsarbeit bemisst sich an dem Grad der Information aller Personen bzw. an der Zugänglichkeit und Transparenz der o.a. Informationen.

Evaluation – Wie sichern wir den Erfolg?
Wie die Öffentlichkeitsarbeit so ist auch die Evaluation angewiesen auf die Dokumentation der Entwicklung des Projektes, seines Verlaufs und der Ergebnisse. Hierzu gehören Protokolle der Konferenzen, Ergebnisprotokolle der Arbeitsgruppe, der Elternvertretung und der Schülervertretung. Sie eignen sich auch als Lenkungsinstrument für die Moderation: Ist die verteilte Arbeit auch geleistet worden? Berichte darüber, wie das Projekt verlaufen ist und wie und ob die Zwischenziele (siehe Checklisten) erreicht wurden, lassen sich auch für die Öffentlichkeitsarbeit auswerten und auf dem öffentlich zugänglichen Infobrett der Schule darstellen. Die gemeinsam formulierten Zwischenziele der Checklisten dienen nicht nur der Vergewisserung des Erreichten, sondern machen zugleich den Stand des Vorhabens transparent. Gesetzte Zwischenziele schaffen zudem die Möglichkeit, verschiedene Optionen für den weiteren Verlauf zu prüfen bzw. angemessene Maßnahmen zu beschließen.

Gerade wenn für das Projekt öffentliche Gelder in Anspruch genommen werden, verlangt der Geldgeber mit dem Verwendungsnachweis Rechenschaft über den zielgerechten Einsatz der Mittel. Die Projektevaluation geht aber über das bloße Berichtswesen hinaus. Es kann aufschlussreich sein, auf der Grundlage vorhandener Berichte zu fragen, warum geplante Maßnahmen (etwa im Zusammenhang mit der Beteiligung von Schülern und Eltern) nicht erfolgreich waren. Hierzu ist neben der Interpretation vorhandener Berichte auch die weitere Erhebung von Daten notwendig. Dies kann sehr aufwendig sein. Wichtig ist allein, ob die gewonnenen Evaluationsergebnisse in den Prozess des Projektes zurückgespielt werden und den weiteren Verlauf optimieren können.

2.2.4 Arbeitsorganisation und Zeitplan

Das Projekt Schulhofgestaltung soll von allen mitgetragen werden, es braucht je nach Umfang Zeit (mitunter zwei Jahre und mehr). Nicht alle Arbeiten daran lassen sich in die alltägliche Schul- und Unterrichtspraxis bruchlos einbauen, Ferienzeiten und Jahreszeiten sind zu beachten, die einzuschaltenden Behörden haben ihren eigenen Zeitplan – all das erhöht die Gefahr, dass das Projekt aus dem Blick gerät, die Arbeiten daran überlagert werden von aktuellen, vermeintlich vordringlicheren Forderungen oder behördlichen Prüfungen. Diese Schwierigkeiten können nur durch einen Arbeitplan gemindert werden, der allen (etwa am Infobrett) zugänglich ist. Er legt den

Arbeits-/Zeitplan	**Zeitraum**	**Zuständigkeit**	**Verantwortlich**
Klärungsphase			
Ziele			
Begründungen			
Grundsätze			
Planungsphase			
Bestand			
Nutzung			
Raum			
Ideen			
Umsetzung			
Praktische Umsetzung			
Prioritäten			
Ressourcen			
Aufgaben			

Zeitplan für die Projektphasen (Klärung, Planung, Realisierung) und für die einzelnen Schritte fest. Es ist die Aufgabe der Moderation (z.B. der eigens gebildeten Arbeitsgruppe) den Zeit- und Arbeitsplan im Zuge der Projektentwicklung zu präzisieren, gegebenenfalls zu korrigieren. Dabei sollte vermerkt werden, wer für was zuständig ist und wer was macht (Aufgaben, delegiert an einzelne Personen, Klassen oder gemischter Gruppen [siehe besonders 3.5]).

Geben Sie sich am Ende der Klärungsphase Rechenschaft darüber, was Sie vorhaben, was für die Entwicklung Ihrer Schule wichtig ist und wie sie vorgehen wollen. Dazu haben Sie eine Reihe von Entscheidungen getroffen:

Checkliste: Klärungsphase	**erledigt**	**noch offen**	**verschoben**
1. Sie haben in einer pädagogischen Konferenz/Lehrerkonferenz und auf der Schulkonferenz beschlossen, sich die Gestaltung des Schulaußengeländes vorzunehmen.			
2. Es ist aufgeschrieben, welchen Grundsätzen Sie folgen (siehe S. 24 f.) und welche besonderen Erwartungen Sie damit verbinden.			
3. Eine Arbeitsgruppe ist gebildet, bestehend aus Vertretern aller Personengruppen der Schulgemeinde, die das Projekt vorantreibt.			
4. Es ist festgelegt, was von Ihnen erwartet wird und wie Sie vorgehen werden (siehe S. 27 f.)			
5. Die Zuständigkeiten für die Moderation, für die Beteiligung, die Öffentlichkeitsarbeit und die Evaluation sind geklärt (siehe S. 29 f.).			
6. Sie haben einen im Schulalltag realisierbaren Zeit- und Arbeitsplan aufgestellt.			
Was wollen Sie zur Klärung der noch offenen Punkte tun?			

3. Planungsphase

Die Planungsphase zielt auf ein Gesamtkonzept der Schulhofgestaltung, in dem die vielen Einzelideen, die Wünsche und die dringend notwendigen Maßnahmen einen Platz und ihre Begründung finden. Es hat wenig Sinn, an irgendeiner Stelle des Geländes mit einer Einzelmaßnahme (etwa die Errichtung einer Sitzecke) zu beginnen, um später festzustellen, dass dieser Bereich für die Feuerwehrzufahrt offen bleiben muss. Es ist deshalb sinnvoll, das verfügbare Gelände zunächst einmal unter verschiedenen Blickwinkeln zu betrachten und die Ergebnisse dann gegenüber weitergehenden Ideen und Wünschen abzuwägen. Die folgende Übersicht stellt die wichtigsten Elemente des Gesamtkonzeptes dar.

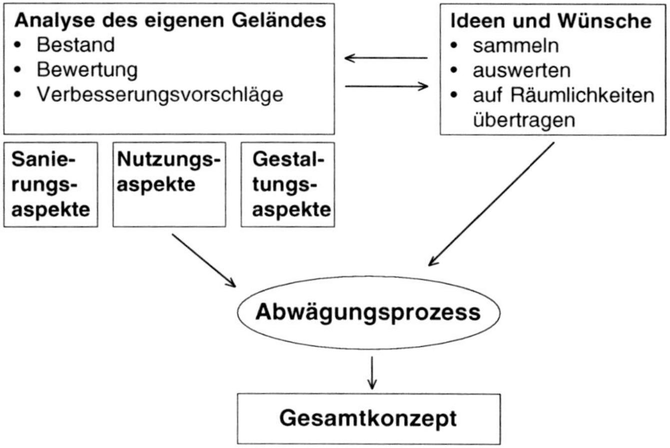

Grundlegender Ausgangspunkt ist die Analyse des eigenen Geländes, genauer die Erfassung und Bewertung seines Zustandes. Dabei werden neben einer Würdigung des Vorhandenen eine Reihe von Kritikpunkten und Verbesserungsvorschlägen geäußert werden. Sie müssen mit den darüber hinaus gehenden Wünschen, Vorschlägen und Ideen abgestimmt werden.

Wie bereits in Kapitel 2 dargestellt, sind die Wahrnehmungen und somit die Bewertungen eines Schulgeländes verschieden, sie können teilweise sogar konträr laufen. Eine Asphaltfläche kann aus unterschiedlichen Perspektiven bewertet werden, als „öde und monoton" oder „pflegeleicht" oder als „gute Fußballfläche" oder „notwendige Feuerwehrzufahrt" oder als „sanierungsbedürftig weil brüchig". Wenn diese Perspektiven teilweise nicht wahrgenommen oder nicht in den Abwägungsprozess einbezogen werden, kann die „bauliche Problemlösung" sehr unterschiedlich sein. Die Asphaltfläche müsste demnach entweder „durch Pflanzinseln aufgelockert" oder „pflegeleicht und ohne Laubfall gehalten" oder „mit Toren versehen" oder „von Hindernissen freigehalten" oder einfach nur „so wie sie ist erneuert" werden. Wenn all diese unterschiedlichen Bewertungen und Lösungsrichtungen erfasst und ernst genommen werden, kann gewissenhaft abgewogen werden, welche Lösung nachhaltig gut ist. Entscheidungsprozesse werden transparent.

Allen an diesem Prozess beteiligten Personen wird dabei klar: Notwendig sind Kompromisse; es gibt keinen „Optimalplan" für das Außengelände. Jeder Plan ist der Ausdruck von Gruppeninteressen, von Abwägungen und Entscheidungen. Wer beteiligt ist, möchte Zukunft gestalten und mit entscheiden. „Beteiligen" in diesem Sinne bedeutet, die Werturteile und die Wünsche anderer in den Planungsprozess einzubeziehen. Im Abschnitt 4 „Planung der Umsetzung" werden Vorschläge unterbreitet, wie das gelingen kann.

Die folgende Übersicht stellt die Analyseaspekte im Zusammenhang dar.

Analyse des eigenen Geländes			
	Bestand (materieller Aspekt)	**Nutzung (funktionaler Aspekt)**	**Gestaltung** (gestalterischer Aspekt)
Zustand	Was haben wir?	**Momentane Nutzung (Hier mache ich ...)**	Welche Materialien, Farben und Formen herrschen vor?
Bewertung	Das ist in gutem Zustand, das nicht, ...	**Finde ich gut, weil ... Finde ich nicht gut, ...**	Was ist „schön", harmonisch? Was wird als hässlich empfunden?
Planung	Reparaturen, Verbesserungen	**Verbesserungsvorschläge (Hier würde ich gerne ... machen.)**	Gestaltungsvorschläge, gestalterische Leitidee (Farb- und Materialauswahl, Formensprache)

Ausgangspunkt ist also die Prüfung des eigenen Geländes. Wir unterscheiden folgende Analyseaspekte:

1. *Materieller Aspekt: Bestand*
   Was haben wir? Die Bestandsanalyse führt zu einer Dokumentation und Prüfung des materiellen Bestandes (Größe, Art d. Flächen, Böden, Ausstattung). Aus seiner Bewertung ergibt sich ein Sanierungsplan, bestehend aus Aufgaben für notwendige Reparaturen, Entsorgung oder Ersatzbeschaffung.
2. *Funktionaler Aspekt: Nutzung*
   Wie wird unser Schulhof genutzt? In der Nutzungsanalyse stehen funktionale Aspekte im Vordergrund. Die Art der Nutzung wird erfasst und geprüft: Welche Bereiche werden gut genutzt, welche nicht? Warum ist dies der Fall? Was ist demnach verbesserungsbedürftig? Daraus lässt sich ein Nutzungskonzept begründen (Wer soll was wo tun können?)
3. *Gestalterischer Aspekt: Raum*
   Wie ist unser Schulhof gestaltet? Die Raumanalyse erfasst die gestalterischen Aspekte. Sie gibt Einblicke in seine Gliederung, Farben, Formensprache, Licht und Schatten. Sie liefert uns Hinweise auf ein zukünftiges Gestaltungskonzept.

Aus den Analysen des Bestehenden lassen sich schon eine Reihe notwendiger Zukunftsziele ableiten. Darüber hinaus muss es aber Gelegenheit geben, weiter reichende Visionen zu denken, und Ideen zukünftiger Schulentwicklung auch für den Bereich der Raumgestaltung zu wagen. Deshalb fügen wir einen Schritt für zusätzliche Wünsche ein (genauere Ausführungen dazu im Kap. 3.4).

4. *Kreativer Aspekt: Ideen*
   Was wünschen wir uns darüber hinaus? Gerade wenn der Schulhof der Ganztagsschule zusätzliche Funktionen erfüllen soll, entstehen neue, kreative Ideen. Aus dieser Ideensammlung kann ein Ideenkonzept entstehen, in dem über Einzelwünsche hinaus das besondere Profil der Schule zum Ausdruck kommt.

Im o.a. Schema ist die Nutzungsanalyse aus guten Gründen hervorgehoben. Lehrerinnen und Lehrer, sowie die Schülerinnen und Schüler sind die eigentlichen Experten im Bereich der Nutzung. Deshalb haben wir die Nutzungsanalyse in das Zentrum der Erhebungen gestellt. In allen anderen Bereichen verfügen andere Fachleute über mehr Wissen (materieller Aspekt: Baufachleute z.B. Landschaftsarchitekten, Hausmeister, gestalterischer Aspekt: (Landschafts-Architekten).

Im Zuge der Erhebungen, der Analysen und der Bewertungen werden die hier getrennt dargestellten Aspekte häufig vermischt. So werden schon bei der Erhebung des materiellen Bestandes Wünsche geäußert, was man wo gerne besser machen möchte. Gerade Kinder denken alle Gesichtspunkte zusammen: „Die Schaukel ist nicht schön, wir wollen eine höhere, auf der wir zu mehreren sitzen können!“

Trotzdem ist es sinnvoll, sich immer wieder auf die hier unterschiedenen Aspekte (materiell, funktional, gestalterisch und kreativ) zu konzentrieren. Die Darstellung der Aspekte soll Ihnen als Erwachsene dazu dienen, bei der Gesamtabwägung die wichtigen Rahmenbedingungen im Kopf zu haben und klassische Fehler zu vermeiden:

- Haben Sie ausreichend auf den Bestand und die Sicherheitsaspekte geachtet? (s. Kapitel ...)
- Sind die Nutzungswünsche aufeinander abgestimmt und zu einem Ganzen zusammengefügt?
- Gibt es eine gestalterische Leitidee für den Schulhof?

Auch bei Diskussionen ist es wichtig, die Aspekte immer wieder gedanklich zu trennen und auf das Wesentliche zu achten. Vertiefen Sie nicht schon am Anfang Detail-Fragen der Gestaltung („Wir sollten die Fassade blau anstreichen.“) oder Fragen der technischen Bauweise („Die Bank sollte aber imprägniert sein!“), sondern einigen Sie sich zunächst auf ein Nutzungskonzept.

In dieser Handlungsanleitung sind diese Aspekte in den folgenden Abschnitten 3.1-3.4 beschrieben. Es kann viele Gründe geben, die hier vorgeschlagene Reihenfolge von 3.1-3.4 zu durchbrechen und einen davon abweichenden Einstieg zu wählen. Eine Schule, die die grauen, konturlosen Asphaltflächen kritisiert, wird sich zunächst mit der materiellen Ausstattung befassen; eine andere, die die sozialen Konflikte in der Schulpause beklagt, wird eher an angemessene Regeln der Nutzung denken. Dennoch, wie immer Sie vorgehen: für ein ausgewogenes Gesamtkonzept ist es sinnvoll, alle hier aufgeführten Aspekte: der materiellen Ausstattung, der funktionalen Nutzung, der räumlichen und der ideenreichen Gestaltung grundsätzlich zu bedenken und über sie zu entscheiden.

3.1 Der Bestand – Was haben wir?

Als Grundlage für bauliche Veränderungen ist der materielle Bestand des Schulgeländes (Ausmaß, Oberflächenbeschaffenheit, Ausstattung, Gliederung ...) zu erheben und im Hinblick auf Reparatur- und Sanierungs- und Ergänzungsbedarf zu bewerten. Hier geht es zunächst um den rein „materiellen" Aspekt, d.h. festzustellen, ob das Gelände oder Teile davon in einem baulich guten Zustand sind. Hierbei hilft vor allem das Wissen des Hausmeisters. Er weiß z.B., wo die Oberflächenentwässerung nicht oder nur unzureichend funktioniert. Aber auch die Schülerinnen und Schüler können feststellen, wo der Asphalt brüchig ist, welche Spielgeräte beschädigt sind, wo gefährliche Schnittkanten existieren oder Schrauben nachgezogen werden müssen. Sie merken schnell, wo etwas kaputt geht oder in schlechtem Zustand ist. Die Schüler selbst können somit zu Wächtern/Hütern ihres Schulhofes werden.

3.1.1 Die Bestandserhebung

Zur räumlichen Planung des Außengeländes wird ein Plan des Schulgeländes benötigt. Hierauf wird eingetragen, was an Bestand vorhanden ist. Als Grundlage können vorhandene Pläne benutzt werden, die dann ergänzt und aktualisiert werden (s. Anhang 6.1, Kleine Plankunde). Fragen Sie Ihren Hausmeister, die Schulleitung oder die zuständige Bau-Fachverwaltung, welche Pläne es von Ihrem Schulgelände gibt. Manchmal existieren außer der Katasterkarte alte Pläne aus der Bauphase der Schule. Notieren Sie bei Ausschnittskopien immer den Maßstab, damit später die Aufmaße richtig eingetragen werden können. Je genauer ein Bestandsplan bereits ist, desto weniger Arbeit machen die Ergänzungen.

Folgende Angaben sollte der Bestandsplan am Ende enthalten:

- alle vorhandenen Gebäude mit Ein- und Ausgängen, wenn möglich auch Erdgeschossgrundrissen, damit Raumnutzungen eingetragen werden können,
- Grundstücksgrenzen,
- Feuerwehrzufahrten und Aufstellflächen der Feuerwehr zum Anleitern hoher Gebäude,
- Zäune/Mauern/Treppen,
- Überdachungen,

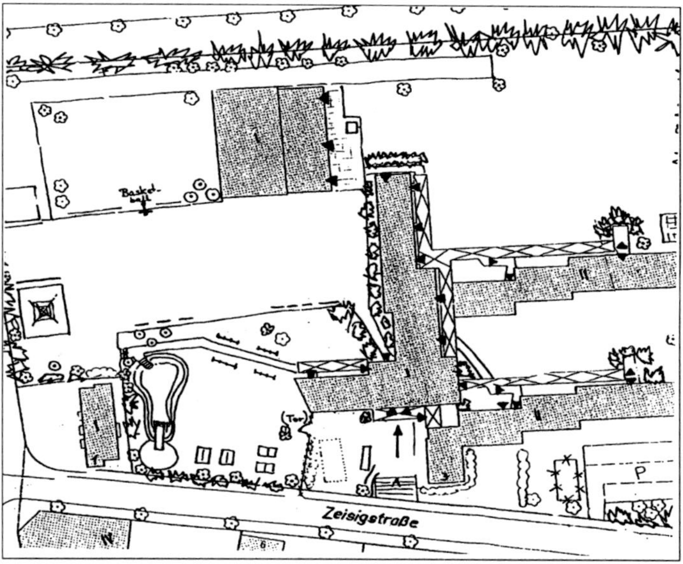

Abb. 1: Diese Grundkarte enthält nur Informationen über die Gebäudestellung und Grundstücksgrenzen. Es müssen viele Informationen nachgetragen werden.

- Art und Grenze von Oberflächenbelägen (Asphalt, Pflaster, Platten, Rindenmulch, Sandbereiche etc.),
- vorhandene Vegetation (Baumstandorte, Strauchflächen, Stauden- oder Gemüsebeete, Rasenflächen),
- fest installierte Ausstattungsgegenstände (Bänke, Spielgeräte, Mülleimer, Tischtennisplatten, Tore, Lampen, Schilder, Fahrradständer etc.),
- soweit bekannt die Fallschutzbereiche der Spielgeräte,
- mobile Ausstattung (ggf. Müllcontainer, Mülleimer, Bänke etc.),
- Hofeinläufe und Schachtdeckel für Entwässerung, Hydranten o.Ä.,
- aufgemalte Zonen (Spielfelder, Fahrradparcours etc.).

Ergänzungen können Lehrer mit Kindern gemeinsam eintra-

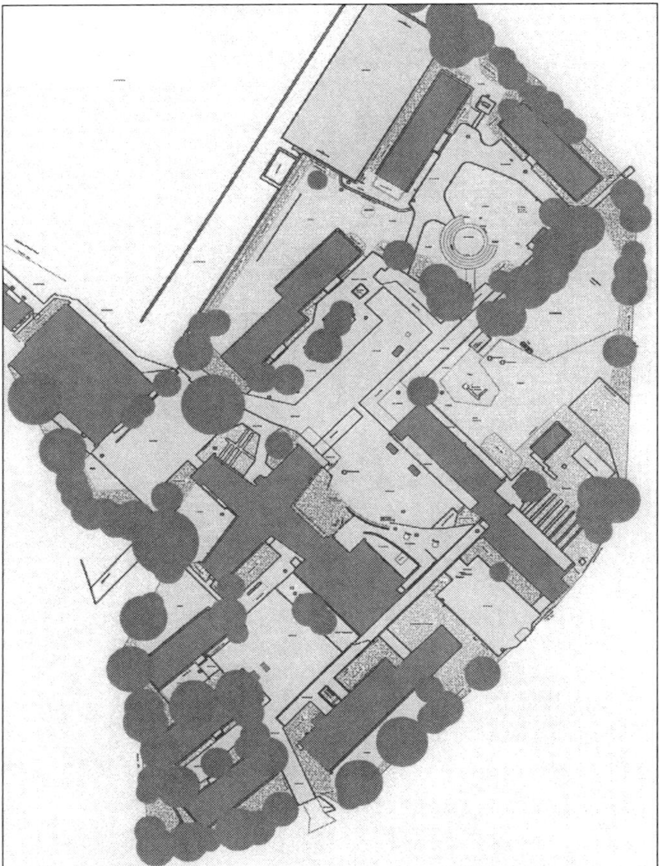

Foto: K. Winkler

Abb. 2: Bei einem professionellen Aufmaß werden alle räumlich wirksamen Elemente genau eingemessen. Farbiges Anlegen erleichtert die Orientierung.

gen. Eine solche Aufgabe kann z.B. in den Mathematik- oder Geografieunterricht integriert werden. Oft ist der Schulhof in Aufsichtszonen eingeteilt. Die Lehrer können die Zone übernehmen, in der sie sich zumeist aufhalten. Die Ergebnisse werden erfahrungsgemäß differenzierter, wenn die Aufsichtführenden, wo und wann immer möglich, die Schülerinnen und Schüler in die Erhebung einbeziehen.

Anmerkungen zu bestimmten Orten werden in einem Schulhofplan markiert. Zusammengetragen ergeben sie eine erste Übersicht über den aktuellen Bestand und seine Verfassung.

Wenn die Planung fortschreitet, wird es möglicherweise notwendig werden, manche Bereiche genauer auszumessen – etwa dann, wenn Sicherheitsabstände zwischen Geräten eingehalten werden müssen.

3.1.2 Bewertung des Bestandes

Nach folgenden Kriterien können Sie den Bestand bewerten:

Kriterien zur Bewertung des Bestandes

- In welchem Zustand befindet sich das Außengelände?
- Sind die befestigten Flächen in gutem Zustand? (Asphaltaufbrüche durch Baumwurzeln)
- Funktioniert die Entwässerung? (Eispfützen im Winter)
- Sind die Spielgeräte in Schuss, die Sicherheitsabstände gewahrt? Sind sie regelmäßig gewartet worden? Bietet der Untergrund noch ausreichenden Fallschutz?
- Ist die sonstige Ausstattung in Ordnung z.B. Fußpunkte von Holzpalisaden, Beleuchtung etc.?
- Ist die Bepflanzung kindgerecht (Dornensträucher, Giftpflanzen, Umgang mit Schleichpfaden)?
- Sind die Verkehrswege frei von (versteckten) Stolperstellen in Laufrichtung?
- Gibt es schlecht wahrnehmbare Einzelstufen in der Pausenhoffläche?
- Wie sind die Einfriedungen beschaffen? Stacheldraht? Abgrenzung zum Straßenverkehr?
- Sind Feuchtbiotope und Teichanlagen gegen die Gefahr des Hineinfallens gesichert?
- Sind Parkplätze, Zufahrten für Lieferanten und Müllabfuhr und Einstellplätze für Fahrräder von den Pausenhofflächen baulich getrennt?
- Funktionieren die Rettungswege/Zufahrten im Notfall?

Mängel am materiellen Bestand sind oft Unfallquellen. Auch bei der Bewertung helfen Ihnen die Landes- oder Gemeinde-Unfallkassen. Bezüglich der Rettungswege gibt die zuständige Feuerwache Auskunft.

Mit dem Hausmeister sollte eine eigene Begehung des Schulhofes vereinbart werden. Er kennt das Gelände, seine baulichen Schwächen und die Nutzungsfolgen am besten. Beteiligen Sie auch die für Ihre Schule zuständige Aufsichtsperson des Unfallversicherungsträgers, die Sie auf Unfallgefahren aus baulichen Gegebenheiten aufmerksam machen wird.

Markieren Sie bei der Bewertung – falls bekannt – auch den aus Gründen der Unfallgefahr o.Ä. bereits nicht mehr vorhandenen Bestand, damit Ergänzungsbedarf deutlich wird.

Die Feststellung des Bestandes und seine Bewertung liefern bereits eine ganze Reihe von Gewissheiten, was so bleiben soll und wo bauliche Veränderungen bzw. Reparaturen notwendig sind. Denken Sie aber immer daran, dass auch der Aspekt der Nutzung und Gestaltung in Ihre Entscheidungen einfließen muss.

3.1.3 Sanierungsplan

Aus der Bestandserhebung und seiner Bewertung entsteht ein Sanierungskonzept, das alle Mängel auf dem Bestandsplan erfasst und zu einem Sanierungsplan zusammenfügt. Es ist für das weitere Vorgehen hilfreich, eine Mängelliste mit einem Katalog von Maßnahmen aufzustellen und nach Kriterien zu ordnen.

Mangel	Maßnahme	sofort	später	selbst	Fremdauftrag

Manche Mängel sind so gravierend, dass sie aus Sicherheitsgründen sofort behoben werden müssen. Das gilt vor allem für verborgene Schäden, die für Schüler zur Gefahr werden können.

Für kleinere Reparaturen und Wartungsarbeiten ist in der Regel der Hausmeister zuständig.

Mittlere Reparaturmaßnahmen werden meist an externe Firmen vergeben und aus Mitteln für Pflege und Instandhaltung bezahlt, die je nach Verwaltungsmodell von einer Baufachverwaltung (innerhalb der Schulverwaltung oder auf „Gemeindeebene/Stadt") oder von der Schule selbst verwaltet werden.

Sollten beträchtliche und grundlegende Mängel z.B. an den befestigten Flächen bestehen (z.B. brüchiger Asphalt mit Stolpergefahr), muss ggf. eine Grundsanierung geplant werden. Für solche Sanierungsmaßnahmen (Grundsanierung) müssen hingegen separate Baumittel zur Verfügung gestellt werden. Für diese Maßnahmen sind in den meisten Fällen die politischen Gremien zuständig. Zur Einwerbung der Sanierungsmittel sollte jedoch nicht nur ein Sanierungskonzept, sondern ein Gesamtkonzept vorliegen, denn meist macht es unter Nutzungsaspekten keinen Sinn, die Asphaltflächen so, wie sie sind, zu erneuern. Sollte an Ihrer Einrichtung bereits eine Sanierung geplant sein, stimmen Sie die Planung ab. Sorgen Sie durch Erarbeitung eines Nutzungskonzeptes dafür, dass das Geld sinnvoll ausgegeben wird.

Die Beseitigung kleinerer Mängel kann durchaus auch von Kindern durchgeführt werden.

In einer Schule in Hamburg haben sich Kinderhandwerkergruppen gebildet, die ausgestattet mit Handwerkskoffern nach Mängeln suchen und sie unter Anleitung eines Erwachsenen (Werklehrer, Erzieher, Hausmeister, Elternteil) soweit möglich beheben.

3.2 Die Nutzung – Wie wird unser Schulhof genutzt?

Wichtig für die weitere Planung ist die Frage, wie der Schulhof von den Schülern aktuell genutzt wird. Denn erst die Art der Nutzung entscheidet darüber, ob der Schulhof die ihm zugeschriebenen Funktionen auch erfüllen kann. Fragen oder beobachten Sie also die Kinder und Jugendlichen, wie sie den Schulhof momentan nutzen, was ihnen dort gut gefällt und was nicht und warum das so ist. Dann können Sie ortspezifische Verbesserungsvorschläge entwickeln. Damit wird ein entscheidendes Element für die anschließende Erstellung eines Nutzungskonzeptes gewonnen.
Genau wie Sie sich vorher einen Überblick über den materiellen Zustand verschafft haben, sollten Sie einen genauen Überblick über die aktuellen Nutzungsstrukturen gewinnen. Es geht dabei um Orte bzw. Raumbereiche, Spiel- und Bewegungshandlungen und eingespielte Regeln. Zumeist haben sich an bestimmten Stellen des Schulhofes eine Reihe typischer Pausenspiele und Aktivitäten entwickelt. Es gibt Raumzonen, die immer wieder von denselben Schülergruppen aufgesucht und beansprucht werden. Es hat sich eine Spiel- und Kommunikationskultur herausgebildet, die man nicht unbedacht durch eine Planung von außen zerstören sollte. Hier sind die Schülerinnen und Schüler die Experten. Und ihre Expertenschaft gilt es zu nutzen. Dazu nun einige Verfahrensvorschläge.

3.2.1 Erhebung der aktuellen Nutzung

Ziel ist die Erfassung der Stärken und Schwächen des Geländes aus der Nutzungsperspektive der Schülerinnen und Schüler in unmittelbarer Auseinandersetzung mit der räumlichen Situation. Von den Kindern genutzte Orte des Geländes sollten aufgesucht werden und die teilnehmenden Schülerinnen und Schüler Gelegenheit haben, die verschiedenen Orte des Geländes zu beurteilen.

Je nach Größe der Schule und der zu beteiligenden Schülerschaft bieten sich unterschiedliche Verfahren an. Eine sehr detaillierte Erhebung ermöglichen das Rundganginterview oder der Fotostreifzug mit den Schülerinnen und Schülern (siehe dazu Kap. 3.6 „Methoden ... "). Steht wenig Unterrichtszeit zur Verfügung oder ist eine große Schülerschaft zu beteiligen, so ist eine Befragung in den Klassen mit Nutzungskärtchen für das Schulhofmodell geeignet. Die folgenden Hinweise zur Durchführung sollen Anregungen geben, worauf es zu achten gilt.

Beispiel:
Hinweise zur Vorbereitung der Lehrerinnen und Lehrer

- Benutzen Sie für die Begehung des Geländes einen Bestandsplan (s. Anhang „Kleine Plankunde"), der für die Begehung ca. auf A4-Format verkleinert werden sollte, so dass sie die Aussagen der Schüler räumlich zuordnen können.
- Bereiten Sie die teilnehmenden Kinder auf die Begehung vor, so dass sie sich schon vor dem Rundgang über das Gelände Gedanken machen können. Falls die Begehung nicht im Unterricht stattfinden soll, weisen Sie mehrfach auf den Zeitpunkt des Rundgangs hin, damit keiner den Termin vergisst.
- Es kann hilfreich sein, wenn Sie sich den Weg des Rundgangs vorher überlegen. Trotzdem sollten Sie für die Spontaneität der Kinder offen sein.
- Versuchen Sie die Begehung möglichst mit einer Kollegin oder einem Kollegen durchzuführen. Dadurch lässt sich die Gruppe ggf. aufteilen und jeder kommt besser zu Wort.

Als Material brauchen Sie: Schulplan, Schreibunterlage, Stift. Entscheiden Sie zunächst, mit welcher Gruppe Kindern Sie arbeiten werden.

- Mit Ihrer Klasse?
- Mit einer zufällig besetzten Gruppe, die sich während einer Pausenaufsicht findet?

- Oder mit extra organisierten Gruppen, vielleicht im Rahmen eines Projekttages.

Klären Sie dann, wann Sie die Begehung durchführen möchten. In einer (bzw. mehreren) Pausen oder in einer Unterrichtsstunde?

Notieren Sie die Äußerungen der Kinder bitte stichwortartig und weisen Sie sie über entsprechende Markierungen der Skizze zu. Auch Aussagen im Rahmen eines Gruppengespräches über den Schulhof sollten Sie festhalten.

Aus den gesammelten Informationen könnte eine Übersicht nach folgendem Muster entstehen:

Art der aktuellen Nutzung

Wie wird das Außengelände genutzt?

Teilbereiche:

- Wird der Ort häufig und von vielen Kindern genutzt?
- Wer hält sich hier auf? (Mädchen/Jungen, ältere jüngere Kinder, Anzahl ca.)
- Unterschiede zu verschiedenen Jahreszeiten, bei unterschiedlichen Witterungsverhältnissen oder Spiel-Mode-Wellen?
- Warum wird das von dieser Gruppe ausgerechnet hier gemacht?
- Welche sind die Haupt-Bewegungsrichtungen? Wo strömen die Kinder hinaus? Wohin führt ihr erster Weg?
- Gibt es für die verschiedenen Orte charakteristische Namen?

Aus dieser Auseinandersetzung mit dem Hofraum ergeben sich meist schnell die Bewertungen und passende Verbesserungsvorschläge und Wünsche.

Bei einer großen Schülerschaft und einem großen Lehrerkollegium hat sich die Befragung bewährt, die von jedem Kollegen in seiner Klasse ohne größere Vorarbeiten durchgeführt werden kann. Ziel ist es, von jeder Klasse die bevorzugt genutzten bzw. gemiedenen Orte zu erfragen und auf einem Modell des Schulhofes zu markieren.

Fragestellungen sind:

- Wo haltet ihr euch bevorzugt in der Pause auf und was macht ihr dort?
- Welche Orte meidet ihr aus welchen Gründen?

Die Ergebnisse der im Klassengespräch gesammelten Antworten werden auf vorbereitete Kärtchen geschrieben, die entweder an die Schulhof-AG weitergeleitet oder besser von Schülern an einem vereinbarten Termin auf dem Modell des Schulhofes verortet werden. Zur Unterscheidung von Mädchen und Jungen bzw. verschiedenen Altersgruppen werden unterschiedliche Farben für die Antwortkärtchen gewählt. Dies erleichtert die spätere Auswertung der Informationen.

In der Praxis hat sich eine Vergrößerung des Schulgeländeplanes bewährt, der auf Styroporplatten geklebt wird, so dass die Antwortkärtchen an Holzstäbchen befestigt leicht auf dem Gelände aufgesteckt werden können. Im günstigen Fall sind bei diesem Termin nicht nur die Mitglieder der Schulhof-AG anwesend, sondern auch der/die verantwortliche Landschaftsarchitekt/in oder Planer der Schulbehörde. Es ist beeindrukkend, wie praktisch und konstruktiv die Rückmeldungen der Schüler sind, die nicht nur erstaunliche Informationen über die tatsächlichen Nutzungen des Schulhofes geben, sondern auch hilfreiche Anregungen zur Klärung sozialer Konflikte.

3.2.2 Bewertung der Nutzung

Bei der Begehung gehen aktuelle Nutzung und Bewertung ineinander über.

Fragen zur Bewertung:

- Welche Orte sind besonders beliebt? Warum?
- Was spielt ihr dort am liebsten?
- Welche Orte sind unbeliebt?
- Warum werden sie gemieden?
- Wo wird intensiv und ungestört gespielt?
- Wo kommt es zu Konflikten? Warum?

- Wo passieren häufig Unfälle?
- Was kann man auf dem Gelände gar nicht machen? Welche Möglichkeiten fehlen?
- Unterscheiden Sie: Was finden die Kinder (nicht) gut? Was finden Sie selbst (nicht) gut?)

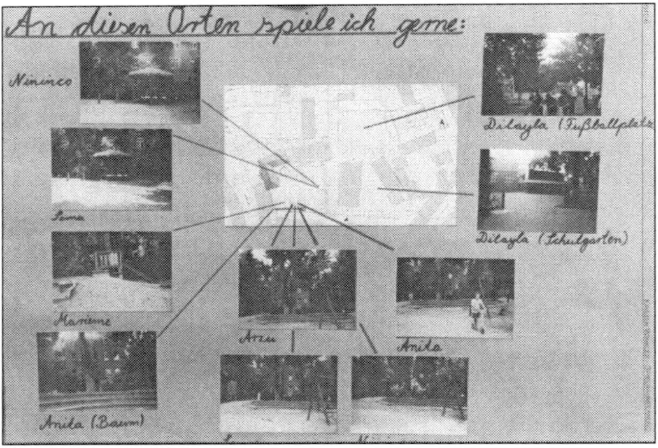

Foto: K. Winkler

Abb. 3: An diesen Orten spiele ich gerne

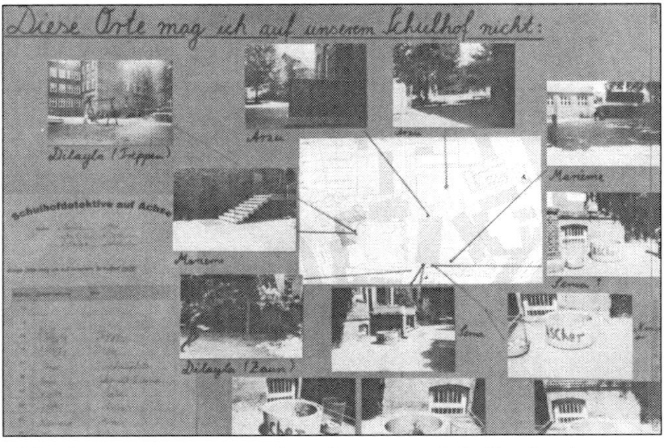

Foto: K. Winkler

Abb. 4: Diese Orte mag ich auf unserem Schulhof nicht

Da das Schulgelände unterschiedlichsten – manchmal auch widersprüchlichen – Wünschen gerecht werden muss, sollte es in unterschiedliche „Nutzungsbereiche“ gegliedert sein. Erfahrungsgemäß werden sich schon aus der Bewertung einzelne Teilbereiche des Schulhofes als bedeutsame Orte, wo etwas passiert, herausschälen: an den Tischtennisplatten, um die Baumgruppe, hinter den Büschen, auf der Wiese, am Kletterturm ... Diese Orte und Raumbereiche sollten als Gliederung für das weitere Verfahren genutzt werden: sie lassen sich in ihrem materiellen Bestand beschreiben und bewerten, ihre Nutzung ist erfasst und Verbesserungsvorschläge und Nutzungswünsche werden hier konkret benennbar.

Die Ergebnisse können mit Kärtchen, Fähnchen oder Klebepunkten an einem großen Plan oder Modell zusammengetragen werden. Wichtig ist, dass bei der Dokumentation der räumliche Zusammenhang sichtbar wird. Werden z.B. bei der Auswertung beliebte Orte und unbeliebte Orte mit unterschiedlichen Farben bepunktet, ergibt sich schnell ein räumliches Bild von Bereichen, die verbesserungsbedürftig sind und an denen für das Handlungskonzept angesetzt werden sollte.

An einem Beispiel sei gezeigt, wie die Ergebnisse der Nutzungsanalyse schriftlich dokumentiert werden können. Dargestellt wird hier ein kurzer Ausschnitt aus einem Bericht (s. Anhang 6.3.2), der den Schulhof in insgesamt 13 Raumbereiche gliedert und die Art ihrer Nutzung beschreibt.

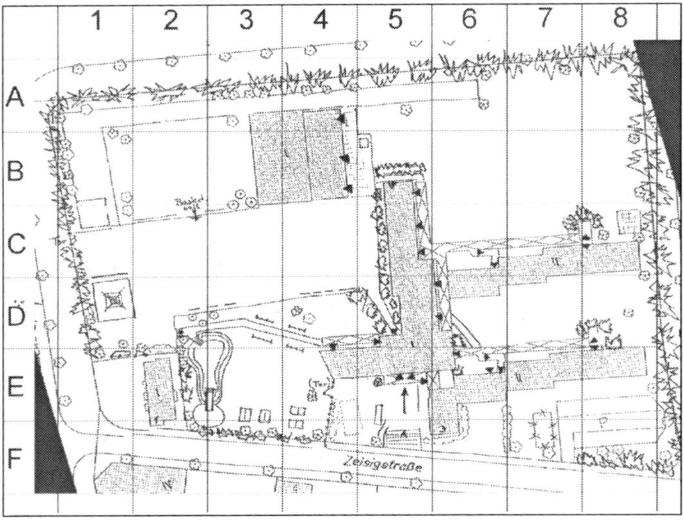

Abb. 5: Schulhofplan

Randbepflanzung, Gestrüpp
Das Gestrüpp wird seit einiger Zeit von den Kindern zum Höhlenbau genutzt. Z.T. werden die Kinder hierzu von Lehrerinnen animiert. Der Hausmeister akzeptiert dies weitestgehend, kritisiert jedoch, dass Baumaterial aus dem gesamten Schulgelände herangeschafft würde (auch sein benötigtes Arbeitsmaterial).

Gebüsch wird auch zum Versteckspielen genutzt.

Es gibt einige Konflikte dadurch, dass der Nutzungsdrang durch die Kinder derzeit sehr hoch ist. V.a. Territorialkonflikte aber auch Streit um ausreichendes Baumaterial. Aufsichtsmöglichkeit dort sehr eingeschränkt.

Problem: viel Dornengebüsch: Verletzung bzw. Problem beim Wiederholen des Balls. Auch das lose Material wird z. T. als Verletzungsproblem gesehen.

Fazit: Hoch attraktives Spielgebiet, schwierige Aufsicht, unbedingt erhaltenswert, aber in angepasster Form.

Besondere Anmerkungen der Schüler:

Höhlenbau momentan sehr attraktiv, führt aber auch zu Streit.

Bolzplatz (B2–C4)[7]
Der Zustand der Fläche wird kritisiert, der Rasen ist kaum noch vorhanden wegen hoher Nutzungsfrequenz. Problem der Dornenbüsche, wenn der Ball hineinrollt.

> Es gibt Nutzungskonflikte um den Platz.
>
> Gefahrenstelle: Tore werden oft beklettert! Tore wackeln jedoch, sind scheinbar nicht fest verankert.
>
> Z.T. gibt es hier auch Nutzungskonflikte mit anderen Rasennutzern (auch andere [Ball-]spieler). Es fehlen Begrenzungsmarkierungen.
>
> Konflikt auch dadurch, dass Bälle von nicht mitspielenden Kindern weggenommen werden.
>
> Auch in den Spielen selber kommt es zu Konflikten (Fouls etc.)
>
> Besondere Anmerkungen der Schüler:
>
> Der Boden sollte erneuert werden. Wird offensichtlich nur von Jungs genutzt. Es gibt auch Stimmen, die Platz weghaben wollen.
>
> Die jetzigen Tore werden als gefährlich wahrgenommen, weil es kein Netztore sind (Klettergefahren).
>
> **Sprunggrube (C2)**
> Die Grube wird für den Sportunterricht benötigt. Wird auch als Sandkiste genutzt, Sandqualität ist jedoch schlecht. Bänke an der Kiste werden vermisst (von Kindern?).
>
> Hausmeister strebt Verlegung der Sprunggrube zur Laufbahn (A2–A8) an. Dort sei die Grube besser gelegen.
>
> **Besondere Anmerkungen der Schüler:**
> Zu klein.

Schon dieser kurze Ausschnitt aus einem Protokoll macht deutlich, dass Angaben zur derzeitigen Nutzung (Sprunggrube für Sportunterricht), zur materiellen Ausstattung (schlechter Sand) und Nutzungswünsche (Sitzgelegenheiten schaffen, Sprunggrube verlegen) ineinander fließen. Die verschiedenen Wünsche können später geordnet und festgelegt werden, wo ein Sanierungsbedarf besteht bzw. wo andere Formen der Nutzung angestrebt werden.

Gerade wenn es um die Sicherheit und das Vermeiden unnötiger Konflikte geht, wird es nötig, einzelne Nutzungsformen zu prüfen. Dazu sind Antworten auf folgende Fragen nötig:

- Können die Angebote für ineinander greifende Aktivitäten entzerrt werden?
- Können eigene Spielfelder oder Spielzonen für Ballspiele eingerichtet werden?

- Ist eine Trennung von Bereichen für Ruhe, Muße und Erholung von Bereichen für Laufen, Toben und Spielen möglich?
- Können oder müssen Flächen für Trendsportarten mit einem hohen Gefährdungspotential für „Unbeteiligte" besonders abgegrenzt werden?

3.2.3 Nutzungskonzept

Die Bewertung einzelner Teilbereiche des Schulhofs ist eine gute Vorbereitung, um ortspezifische Verbesserungsvorschläge und konkrete Wünsche zu sammeln. Wer allerdings allgemein danach fragt: „Was wollt ihr auf dem Schulhof haben?" muss damit rechnen, dass oft vorschnell zum Spielgerätekatalog gegriffen und ein vermeidlich „schönes" Gerät ausgesucht wird. Deshalb ist es besser, den Bezug zu den eigenen Nutzungsgewohnheiten herzustellen und ortsbezogen die Frage zu stellen: „Was wollt ihr an dieser Stelle machen?"

Damit entgeht man der Gefahr, dass unreflektiert Spielplatz-Vorstellungen reproduziert werden. Nicht weiter reflektierte Wünsche treten in den Vordergrund und überlagern, was unter den gegebenen Bedingungen erreicht werden kann. Der Übergang in die „Wunschphase" sollte deshalb immer wieder auf die konkreten ortsbezogenen Nutzungswünsche zurückgeführt werden. Oft sind es einfache Dinge, die die derzeitige Nutzung erleichtern oder erst möglich machen:

- Das Herausnehmen der dornigen Sträucher macht es den Kindern möglich, das Spielgebüsch besser zu nutzen.
- Die Verlagerung eines Müllbehälters erleichtert das Fußballspielen.
- Die Verlagerung des Parkplatzes schafft mehr Spielraum.
- Die abmontierten Basketballkörbe sollten wieder angebracht werden.
- Die Klasse 2b benötigt unbedingt einen neuen Soft-Fußball für ihre Pausenkiste.

Es gibt viele kleine Wünsche, die mit geringem materiellem und zeitlichem Aufwand sofort erfüllt werden können. Sie anzupacken ist ein Zeichen dafür, dass etwas in Gang kommt und das Projekt der Raumgestaltung von allen Seiten ernst genommen wird.

Für manche Konflikte lässt sich erst nach reiflicher Überlegung eine gute Lösung finden. Hier geht es nicht allein um die Verbesserung von Raum und seiner Ausstattung, sondern auch um die Regeln ihrer Nutzung. Einige Beispiele:

- Das Fußballspiel der Jungen war so raumgreifend, dass manche Mädchen keine Nische für Pferdchen- oder Seilspiele fanden und auch, wenn sie nur zuschauen wollten, immer umgerannt wurden. Der Bereich wurde durch das Einfügen einer „Insel" in die große Asphaltfläche neu gegliedert. Am Rand der Fläche wurden Sitz-Nischen geschaffen.
- Warum müssen die Fußballer ausgerechnet gegen die Kletterwand spielen? Eine Verlagerung ihres Spiels macht es wieder möglich, die Kletterwand sicher und in Ruhe zu nutzen.
- Für eine bessere Erreichbarkeit von Nutzungszonen im Außenbereich ist es manchmal sogar sinnvoll, Klassen- und Fachräume zu tauschen.

Das Nutzungskonzept enthält also eine Vielzahl solcher Vorschläge, wie bestimmte Orte und Zonen des Schulhofes in Zukunft funktionaler genutzt werden können. Meist ergeben sich aus der Diskussion über Nutzungsbestand und -bewertung unmittelbar die Verbesserungsvorschläge, die dann auf dem Plan schriftlich festgehalten werden können.

An vielen Stellen wird es mehrere Lösungsmöglichkeiten für ein Problem geben, die auch diskutiert werden müssen. Statt das Fußballfeld an der Kletterwand zu verlagern (s.o.), gäbe es die Alternative, die Kletterwand zu verlagern, was mit baulichem Aufwand verbunden wäre, oder vor die Kletterwand im

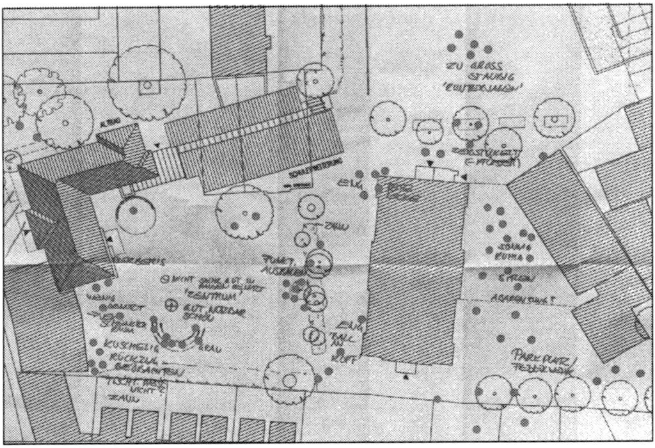

Foto: K. Winkler

Abb. 6: Mit verschiedenfarbigen Klebepunkten wurden Orte markiert, die positiv bewertet bzw. die für verbesserungsbedürftig gehalten werden.

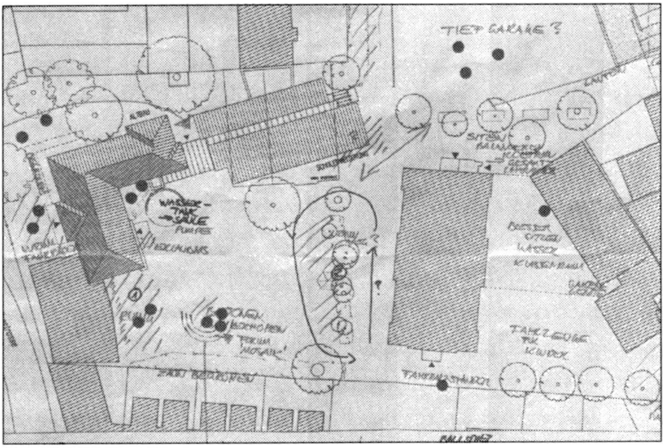

Foto: K. Winkler

Abb. 7: Die daraus resultierenden Verbesserungsvorschläge werden notiert. Eine erste Gewichtung erfolgt durch Bepunktung: Das ist mir besonders wichtig.

notwendigen Abstand eine Abschirmung zu bauen. Wer entscheidet das? Vielleicht müssen die Kinder einfach noch einmal gefragt werden, wer die Kletterwand gerne benutzen möchte, oder ob sie mit der Verlagerung des Fußballbereichs zu einem ausgewählten neuen Standort einverstanden sind.

Abb. 8: Nutzungsformen Foto: R. Hass

Über ein Nutzungskonzept muss also abgestimmt werden. Vorschläge, die noch strittig sind, werden vorerst mit einem Fragezeichen versehen und es wird geklärt, welche weiteren Schritte zur Ermittlung einer guten Lösung getan werden müssen (Schülerbefragung, gestalterische Vorschläge o.Ä.). Es geht hier vor allem um Auswahlverfahren, d.h. um Methoden, wie aus mehreren Alternativen die besten Lösungen für alle nachvollziehbar herausgefiltert werden können (siehe dazu Kap. 3.6 „Methoden ...").

Aus all diesen Verfahren wird ein Gesamtbild entstehen, das schriftlich fixiert und/oder auf einem großen Plan veranschaulicht ist. Es lassen sich möglicherweise Überschriften für bestimmte größere Bereiche finden, die die fokussierten Entwicklungsziele beschreiben, wie z.B. „Vorranggebiet 1. Klasse“, „Ort der sozialen Spielregeln“, „Wilde Bereiche“, „Bereiche für kleinere Umgestaltungsprojekte/Patenschaften“, „Öffentliche Plattform“, „Bereich für Sport und Spiele“, „Bereich für visionären Fünf-Jahresplan: Sport- und Spiellandschaft“, „Treffpunkt Eingangsbereich – das Gesicht der Schule“ o.Ä.

Insbesondere sollten im Nutzungskonzept solche Bereiche festgelegt werden, in denen engagierte Eltern, Lehrer und Schüler mit kleineren Bauprojekten anfangen können, ohne dabei Gefahr zu laufen, das Gesamtkonzept zu unterwandern. So kann neben der weiteren technischen oder gestalterischen Planung für mittlere bis größere umzugestaltende Bereiche die praktische Arbeit in anderen Bereichen weitergehen oder direkt anlaufen. Wichtige Aussagen aus den Bereichen „Sanierungsplan“ (z.B. Feuerwehrzufahrten, Sicherheitsabstände Spielgeräte o.Ä.) und „Gestaltungskonzept“ (z.B. gestalterische Leitidee) müssen dabei natürlich einfließen.

3.3 Die Raumwirkung – Wie ist unser Schulhof gestaltet?

3.3.1 Raumanalyse

Räume, in denen wir uns aufhalten, haben eine unmittelbare Wirkung auf uns. Je alltäglicher wir sie nutzen und je vertrauter sie uns sind, desto weniger bewusst sind uns ihre Wirkung. Wir sind in unserem Verhalten in solche Räume „eingepasst“. Sie sind Teil unseres kaum reflektierten Alltags. Keiner und alle sind für ihre Gestaltung zuständig. Schulräume gehören zu diesen polyfunktionalen Räumen, denen man in der Regel relativ gleichgültig gegenübersteht. An ihnen nimmt man nur das wahr, was einem wichtig ist. So ist ein Flur für den einen ein Raum, in dem man sich trifft und plaudert: er ist ein „Verweilraum“. Für andere ist es der Raum, durch den hindurch man andere Orte erreicht, ein „Durcheilraum“. Wir nutzen sie so routiniert, dass wir uns über ihre Gestaltung kaum noch Gedanken machen. Gerade solche Räume, die von vielen verschiedenen Personen genutzt werden, können uns gleichgültig werden.

Es sei denn, man durchbricht diese Gleichgültigkeit und versucht zumindest Einzelbereiche bewusst zu gestalten. Je mehr wir sie mitgestalten können, umso mehr nehmen wir sie bewusst als unsere Räume wahr. Gelingt es uns, ihnen eine persönliche Note zu geben, vermitteln sie uns das Gefühl des Wohlbefindens oder – im gegenteiligen Fall – die Stimmung innerer Abwehr. Es lohnt sich, diesen Wirkungen ein Stück nachzugehen, die wir über unsere Sinne aufnehmen oder durch unsere Bewegungen im Raum mit erzeugen.

Wie man der Atmosphäre eines Raumes nachspüren kann und dabei lernt, verschiedene Raumcharaktere zu unterscheiden, soll mit folgender Anleitung unterstützt werden (s. S. 64).

Architekten (ob Landschafts- oder Innenarchitekten) haben als Raumexperten eine geschulte Wahrnehmung für den Raumcharakter. Aber auch jeder Laie kann sich seiner sinnlichen Erfahrungen bewusst werden und sie für Raumgestaltungen verfügbar machen.

Unterschiedliche Gruppen der Schulgemeinde können sich mit diesen Aspekten beschäftigen und ihr Wissen am Plan zusammentragen. Es wird zunächst eine Sammlung von sehr subjektiven Eindrücken herauskommen. Vergessen wir aber nicht, dass sich diese Eindrücke auf ganz objektive Tatbestände (wie Sonneneinstrahlung, Beleuchtung, Windbewegung, Raumkanten, Materialwahl, Formensprache) beziehen. Ins Bewusstsein gehoben können sie die Argumentation um eine bessere Raumgestaltung beleben. Fotografien von ausgewählten Raumbereichen – auf einer Fotosafari gewonnen (siehe dazu Kap. 3.6) – können helfen, einen „anderen" Blick auf die gewohnte Umgebung zu werfen.

Raumcharakter – die Atmosphäre

Sie benötigen:

- etwas Ruhe
- eine Portion Neugierde
- Augen, Ohren, Nase, Haut, ...

Nehmen Sie sich etwas mehr Zeit, als Sie zu haben glauben. Gehen Sie nacheinander zu unterschiedlichen Orten auf dem Außengelände.

- Schauen Sie sich in Ruhe um.
- Schließen Sie die Augen und horchen Sie, schnuppern Sie, spüren Sie die Temperatur.
- Was gibt es hier an Besonderheiten zu entdecken?

Fühlen Sie sich an diesem Ort wohl?

- Welchen Charakter/welche Atmosphäre hat der Ort für Sie?
- Was würden Sie hier gerne spielen, wenn Sie ein Kind wären?
- Notieren Sie einen „Namen" für diesen Ort?
  Erinnern Sie sich:

Hat der Bereich einen ganz anderen Charakter,

- wenn die Sonne scheint
- wenn es schneit
- vormittags/nachmittags (Sonnenstand)
- wenn viele Kinder draußen sind?

3.3.2 Bewertung des Raumes

Dabei werden, wie bereits erwähnt, eine Reihe von objektiven Raumbedingungen in den Blick geraten, die z.T. durchaus gestaltbar sind. Dinge, an die man sich gewöhnt hat, werden bewusst und können in die Überlegungen zur Gestaltung einbezogen werden: die schrille Pausenglocke, der Geruch in den Toiletten, die Enge des Schuleingangs, die ungesund zugige Ecke des Bolzplatzes, die ungegliederte Asphaltfläche, auf der man sich nicht „wohl" fühlt, das „Grau in Grau" der Fassaden, die Verbannung des natürlichen Grüns, fehlender Schatten im Sommer, verschmutzte Randbereiche, niedergetrampelte Bepflanzung ... Voraussetzung für die Veränderung dieser Problemzonen ist ihre bewusste Wahrnehmung. Für Schüler kann dies ein Stück ästhetischer Erziehung und Umweltbildung sein.

3.3.3 Gestaltungsaspekte

Um das Schulgelände als „harmonisches" Gefüge zu gestalten, sollten Formensprache, Materialwahl und Farben aufeinander abgestimmt sein. Außenräume sollten in guten Proportionen gegliedert sein und Blickbezüge bewusst eröffnet oder geleitet werden. Dabei ist darauf zu achten, dass Kinder Räume anders wahrnehmen als Erwachsene. Zunächst ist ihre Augenhöhe deutlich tiefer als die eines Erwachsenen, so dass Räume in ihren Dimensionen größer wirken, aber auch ihr Bewegungsverhalten und damit verbunden z.B. die Blickabfolge unterscheiden sich.

Um sich dem Thema „Gestaltung" zu nähern, kann es insbesondere bei gestalterischen Überlegungen zu größeren Teilräumen hilfreich sein, am Modell zu arbeiten.

Als Arbeitsmodell hat sich das „Gelände in der Bananenkiste" bewährt. Eine Plankopie dient als Grundlage, dann werden aus Salzteig, Styropor o.Ä. die Gebäude modelliert, aus Irischem Moos, Stahlwolle oder getrockneten Staudenblüten die Bäume und Sträucher dargestellt. Bei der Ergänzung des Modellbaumaterials können vorhandene Bastelmaterialien, Naturmaterialien u.Ä. phantasievoll zusammengestellt werden.

Um Proportionen angemessen bewerten zu können, sollten in diese Modelle zunächst eine Kinder- und eine Erwachsenenfigur in der richtigen Größenrelation hineingestellt werden. Jetzt kann z.B. die Wirkung von raumgliedernden Elementen (Bäumen, Sträuchern, Pflanzinseln etc.) ausprobiert werden.

Genau wie beim Nutzungskonzept können auch beim Gestaltungskonzept Überschriften für verschiedene Teilbereiche formuliert werden. Welche Bereiche bieten sich für eine naturnahe Gestaltung und Formensprache an (z.B. „der Urwald")? In welchen Bereichen sollten sich Materialien und Formen auf das Gebäude beziehen (z.B. „der Atriumhof")?

Stellen Sie sich Ihren Schulhof als „Gesamtkunstwerk" vor. Im Kunstunterricht können sich Kinder Prinzipien der Raumgestaltung aneignen, indem sie ihren Schulhof „entwerfen". Jetzt steht einmal nicht der funktionale („Ich bau mir eine Schaukel."), sondern der ästhetische Aspekt („Mein Schulhof soll rot und schrill sein!") im Vordergrund. Dabei ist in einer Utopiephase zunächst alles erlaubt.

Sie werden feststellen, dass zwar bestimmte gestalterische Grundgesetze bezüglich der Proportionen einheitliche Beurteilungen erfahren, dass aber z.B. Formensprache und Farbwahl sehr individuell als „schön" oder „hässlich" empfunden werden. Wer entscheidet also über die Gestaltung eines Geländes? Demokratischen Abstimmungsprozessen sind bei gestalterischen Fragen, ähnlich wie beim Kochen, Grenzen gesetzt.

Es ist von Vorteil, wenn Sie sich zumindest auf eine „Gestalterische Leitidee" einigen können. Je nach Größe und Lage der von Ihnen vorgesehenen ersten Projekte muss dann entschieden werden, wessen „Geschmack" für Gestaltungsfragen im Detail vertraut wird und wer die weitere „künstlerische Betreuung" übernimmt.

Soll der Aspekt des „Naturerlebens" einen Schwerpunkt an Ihrer Schule bilden, kann dies ein bewusst eingesetztes gestalterisches Thema sein. Weidenzelte, Kräuterspiralen, Grüne Klassenzimmer u.Ä. können in einen gesamtgestalterischen Zusammenhang eingebunden werden.

Durch die Analyse der Raumwirkung werden Maßstäbe gesetzt. Sie ergänzen das Sanierungskonzept und das Nutzungskonzept um Aspekte der Raumqualität. Gestaltungsanalysen dieser Art zu unternehmen kann zum Thema der Kunsterziehung und der Umweltbildung werden.

3.4 Ideen – Was wir uns wünschen

Wie in der Übersicht (Kap. 3) dargestellt, erwachsen die Gestaltungsvorschläge, die dann wirklich umgesetzt werden, aus drei Quellen:

1. der Bestandsanalyse – schon hier werden notwendige Reparaturen bzw. Verbesserungen der materiellen Bedingungen unmittelbar sichtbar (3.1.3 Sanierungsplan);
2. aus der Nutzungsanalyse werden Einschränkungen gewünschter Nutzung ermittelt (siehe Kap. 3.2.3 Nutzungskonzept);
3. die Raumanalyse enthält weitergehende Vorschläge zur Gestaltung des Schulhofes (3.3.3 Gestaltungskonzept).

Dass wir erst in dieser Phase nach (zusätzlichen) Ideen der Raumgestaltung fragen, hat seine Gründe. Manche Schulen wählen als Auftakt einer Beteiligung die Methode der schriftlichen Befragung. Dabei hat sich gezeigt, dass die am Anfang gestellte Frage „Was wollt ihr auf dem Schulgelände haben?" wenig hilfreich ist. Es werden dann hauptsächlich Dinge reproduziert, die Kinder z.B. von den umliegenden Spielplätzen kennen („Ich wünsche mir eine Schaukel, eine Rutsche und ein Spielschiff.").

Wir wollen also einerseits verhindern, dass sich die jüngeren Schüler ohne viel nachzudenken an einem Spielplatzmilieu, die Älteren am Jugendklub oder Diskoszenen orientieren und dabei verkennen, was in der Schule möglich ist. Andererseits sollte die intensive Auseinandersetzung mit dem Bestehenden die Formulierung darüber hinausgehender Ideen nicht verhindern; im Gegenteil wollen wir uns gezielt auf Phantasiereisen begeben, um die „klassischen Spielplatzmilieus" zu verlassen.

Aber durch die Auseinandersetzung mit den derzeit vorhandenen Bedingungen können weitere Ideen auf die gegebenen Bedingungen zurückbezogen werden. Wir fragen also nicht nur: Was wünschen wir uns darüber hinaus? Sondern auch: Was ist bei uns möglich? Wie wollen wir es bei uns räumlich umsetzen? Welche zusätzlichen Regeln müssen eingehalten werden, damit sich neue Handlungsmöglichkeiten in das Schulleben einfügen?

Abb. 9: Das Klettergerüst Foto: K. Winkler

Mit der kritischen Sichtung des Bestehenden können also nicht alle Aspekte des Wünschenswerten erfasst werden. Es lohnt sich, dazu die Phantasie anzuregen (siehe Kreativmethoden Kap. 3.6). In einer Utopiephase ist es wichtig, Visionen auch und gerade dann zu benennen, wenn ihre Realisierung zunächst ganz und gar unwahrscheinlich sein mag.

Ideen können also auf zwei Weisen entwickelt werden. Zum einen entstehen sie aus der kritischen Auseinandersetzung mit Bestehendem (Kap. 3.1-3.3), zum anderen (Kap. 3.4) beziehen die Schüler und die Lehrer ihre Ideen aus anderen, außerschulischen Lebens- und Erfahrungswelten. Gerade wenn der Schulhof der Ganztagsschule zusätzliche Funktionen erfüllen soll, entstehen neue, kreative Visionen, die z.B. aus dem Freizeitleben stammen. Zusätzliche Ideen zur Schulraumgestaltung spiegeln auch, was die Beteiligten unter Schule, Kindheit und Jugend und unter schulischer Erziehung verstehen. Damit gewinnt man einen aufschlussreichen Hintergrund, um zu entscheiden, wie wir unter gegebenen Umständen „unsere" Schule gestalten können. Ein fruchtbares Thema auch für den Unterricht in Sozialkunde und Gesellschaftslehre.

3.4.1 Ideen sammeln – Phantasiephase

Es gibt einige Möglichkeiten, Ideen mit den Schülern zu sammeln:

- *Phantasiereisen:* Im Rahmen von Phantasiereisen ist es möglich, an Urlaubserfahrungen oder Medieninhalte anzuknüpfen.
- *Dokumentierte Beispiele Gemeinsame Literaturrecherche, Fachvorträge, Filme und Informationen im Internet* bereichern außerdem den Ideenpool. Kinder wie Erwachsene filtern daraus ihre Wünsche.
- *Exkursionen:* Als sehr anregend haben sich Foto-Exkursionen und Klassenausflüge zu anderen Schulen erwiesen. Meist haben sie dort die gleichen Probleme, aber mitunter finden sie ungewöhnliche und praktikable Lösungen, die Mut machen für eigene Versuche. Ergiebig sind dabei nicht nur die sichtbaren Ergebnisse, sondern auch der Erfahrungs-

austausch mit den Schülern und Lehrern über das Verfahren. An der Umgestaltung beteiligte Lehrer verfügen meist über wertvolle Tipps zum Vorgehen. Ein Austausch lohnt sich.

- Informationen zu umgestalteten Schulgeländen können auf Schulleiter- oder Fachlehrertreffen erfragt werden. Wenn Exkursionen mit Kindern durchgeführt werden, können sie als „Spielforscher" das, was sie sehen und erleben, selbst fotografieren und beurteilen.
- *Expertenwissen nutzen:* Auch in Ihrer Nähe gibt es möglicherweise Menschen, die sich schwerpunktmäßig mit Außengeländegestaltung beschäftigen. In der Schulverwaltung, an anderen Schulen, bei den Unfall-Versicherungsträgern (GUV, LUK), an Schul-Biologie-Zentren, Instituten für Lehrerfortbildung oder im freiberuflichen oder universitären Beratungsbereich (Landschaftsarchitekten, Sportpädagogen, …) kann sich ein neuer Ideenpool auftun.
- Sie können sich externe Experten auch zu Vorträgen direkt an die Schule holen. An Beispielen veranschaulichen sie Vorgehensweisen und Umgestaltungsmöglichkeiten. Als Ergänzung zu diesem Buch bieten die Autoren entsprechende Bildpräsentationen an.
- *Gruppengespräche:* Das Verfahren der Ideensammlung sollte der Größe der Schulgemeinde und den verfügbaren Kapazitäten für die Auswertung angepasst werden. Es ist möglich, alle Klassenstufen, Lehrerschaft, Schulangestellte und Eltern an dem Prozess zu beteiligen. Es ist jedoch nicht notwendig, dabei alle Personen zu erfassen, sondern es können einige stellvertretend für ihre jeweilige Bezugsgruppe befragt werden in der Erwartung, dass sie sich mit ihrer Bezugsgruppe in Verbindung setzen und deren Auffassung rückkoppeln.
- Die Wünsche lassen sich im Vorfeld bündeln, indem man nicht die einzelnen Schüler befragt, sondern über *Gruppengespräche* klassenweise Wünsche einsammelt. Allerdings

sollte dann darauf geachtet werden, dass Mädchen und Jungen gleichermaßen zum Zuge kommen und geschlechtsspezifische Wünsche besonders beachtet werden.

- Die spätere Auswertung der Wünsche wird dadurch erleichtert, dass die verschiedenen Altersgruppen farblich gekennzeichnete Wunschkarten ausfüllen. Dadurch lässt sich relativ leicht ein Überblick über die altersspezifischen Interessen erstellen und Häufungen sind leicht zu erkennen.
- *Wunschbaum:* Wirkungsvoll ist es, einen so genannten „Wunschbaum" herzustellen, je nach Kapazitäten gemalt oder aus Pappe gebaut. Dieser kann an exponierter Stelle (Infotafel) für alle sichtbar aufgehängt werden und von den einzelnen Gruppen der Schule nach und nach mit „Wunschblättern" beklebt werden.

Abb. 10: Wunschbaum Foto: R. Hass

Bei folgendem Beispiel wurden die Wünsche für eine erste Auswertung stichwortartig erfasst und nach unterschiedlichen Themenbereichen gegliedert und die Häufigkeit der Nennungen mit Sternchen gekennzeichnet (siehe auch das Kap. 3.6 „Methoden ...").

Wünsche zu		
Pausenstruktur	**Sport-/Spielangebote**	**Raumgestaltung**
Musik ***	Spiel- und Sportgeräte ****	Graffitiwand/ Sprayerwand ****
Drinnen bleiben **	Klettermöglichkeit und Schaukeln ***	Labyrinth/Irrgarten
Kino	Kletterwand **	mehr Rasen/Grün/ Bäume **
Disko Gummiboden	Fußballplatz mit	Schließfächer/ Schränke
längere Pausen	Footballangebot	Bedachung/bedachte Zonen **
Schulradio	Basketballkörbe zueinander und mehr	Gewächshaus
Einkaufen gehen	Billardtisch	Hügel
Sporthallennutzung	Volleyball-/Federballnetze	Schulzoo
	Halfpipe/Inlinerbahn	Steinsitzplätze mit Wasserlauf
		Bänke/Tische
Angebote Cafeteria/ Kantine	**Geländenutzung**	
Bänke beim Ausgang mehr Auswahl besseres Essen, Eis Automaten für Getränke *** Kaugummiautomaten Süßigkeiten Wasserspender	Flohmarktecke Teich Forum einbeziehen Garten weg, Schulhof größer	* = Mehrfachnennungen

Eine ausführlichere sprachliche Darstellung der Wünsche bietet eine Reihe von Anknüpfungspunkten für Gespräche. Das folgende Beispiel bietet solche Möglichkeiten.

Was ich mir wünsche:
Ich würde mir wünschen, eine kleine Baumgruppe auf unserem Schulhof zu haben. Ein Bach wäre auch dazu sehr schön. Ich möchte nicht, dass wir noch mehr andere Spielgeräte kriegen, weil man sich dann kaum noch frei bewegen kann. Blöd finde ich, dass wir für alles Regeln haben, wie im Gefängnis. Man muss auch noch Platz zum Toben, Verstecken, Spielen und zum Ruhen haben. Außerdem finde ich langweilig, immer nur auf Betonwegen zu gehen (Donata, Kl. 4).
Ich will nicht immer mehr Spielgeräte! Die Schüler wollen auch toben und nicht mit Geräten spielen. Ich bin der Meinung, dass der Schulhof auch zum Ticken oder Fangenspielen da ist (Inga, Kl. 4).
Was ich nicht gut finde:
Ich möchte, dass wir nicht so viele Regeln kriegen, denn wenn wir für alles Regeln kriegen, können wir uns gar nicht frei bewegen! Dann müssen wir immer so aufpassen, das ist doof!
Da, wo jetzt Beton ist, sollen Sand, Rasen und kleine Büsche sein, das sieht hübscher aus und man tut sich nicht so weh, wenn man hinfällt! Und es ist nicht so teuer.
Meine ganze Klasse findet es doof, dass für alle Geräte Tage für die einzelnen Klassen sind (Lea, Kl. 4)!
Was ich gut finde:
1. Die Hügel 2. Vorne im Schulhof beim Eingang A und B die Steinlandschaft und bei Schulhof B das Holz 3. Die Ruhewiese 4. Die Holzbänke, die auf dem Schulhof in Darstellung von Baumstämmen sind (Lea, Kl. 4).
Ich möchte etwas mehr Natur auf dem Schulhof, einen Blumengarten und mehr Rasenflächen haben (Nadine, Kl. 4). Ich möchte nicht so viele neue Spielgeräte haben. Ich möchte nicht, dass wir immer für die Spielgeräte Regeln lernen müssen (Nadine, Kl. 4).

3.4.2 Wunschträume – und wie man damit umgeht

Jedes Kind wählt aus dem, was es kennt, seine Wünsche aus, die es für die eigene Schulumwelt hat. Die Wünsche der Kinder werden zusammengetragen, besprochen, präsentiert, sortiert und wiederum bewert (s. 3.3.3 „Wo könnte das auf unserem Schulhof entstehen?“) und ggf. weiterentwickelt.

Wie das Beispiel zeigt, sind in der Praxis die unterschiedlichsten Wünsche vermengt, und es gibt keine Trennung zwischen Nutzungswünschen, Gestaltungs- und Sanierungswünschen. Meist gehen sie selbst darüber noch weit hinaus.

Wenn wir zusätzliche Ideen sammeln, geschieht das immer bezogen auf die mögliche Nutzung und auf die räumliche Platzierung neuer Möglichkeiten. Gefragt wird also zunächst: Was macht ihr? Was wollt ihr machen?, um dann zu fragen: „Okay, und was braucht ihr dazu (zum Klettern, zum Ausruhen, zum ...)? Utopien müssen auf die Realität des Schulgeländes übertragen werden. Wo könnte das auf unserem Schulhof entstehen? Die durchgeführten Raumanalysen (s. Kapitel 3.3) bieten dazu die Möglichkeit, zu überprüfen, ob eine Idee zum eigenen Gelände passt und wenn ja, wohin.

Die Transferleistung, ob denn das Gewünschte ausgerechnet auf dem Schulhof sinnvoll ist, fällt selbst Erwachsenen dann besonders schwer, wenn sie sich vorher nicht mit den speziellen Problemen und Chancen des eigenen Geländes auseinander gesetzt haben.

Gerade die Aussagen der Schülerinnen (s.o.) zeigen aber, dass sich die Wünsche keinesfalls nur auf räumliche Veränderungen und materielle Ausstattungen richten. Sie gelten auch dem Umgang untereinander. Das bedeutet, dass es über die materielle Gestaltung des Schulgeländes hinaus auch um die sozialen Beziehungen geht. Zur Diskussion stehen die ungeschriebenen Regeln in der sozialen Praxis einer Schulpause ebenso wie angemessene Konfliktlösungen und Umgang mit Gewalt.

Das berührt die in der Schulordnung festgelegten Regeln, ihre Bewährungsprüfung und mögliche Neuformulierung. Eine lebendige und wirksame Pausenordnung kann nur als Vereinbarung zwischen allen Beteiligten gelingen. Dies ist ein weiteres wirklichkeitsnahes Thema des Sozialkundeunterrichts – auch im Zusammenhang mit Konfliktregelung und Gewaltprävention.

3.4.3 Von Einzelwünschen zum Leitbild

Die beiden Zusammenstellungen von Ideen (s.o.) sind eine Sammlung von Einzelwünschen. Unter Ideenkonzept kann aber auch verstanden werden, ein besonders Profil von Schule zu entwickeln, das in der Schulhofgestaltung zur Darstellung gebracht wird. Das Ideenkonzept kann auch als Leitbild formuliert sein. Es können Schwerpunkte gebildet werden, die das Profil der Schule betonen:

- So kann sich die Schule dafür entscheiden, im Schulgelände die Idee eines *naturnahen Schulgeländes* zu verwirklichen, d.h.: für eine Bepflanzung zu sorgen, nicht nur des Bodens, sondern auch der vielen Wandflächen; Asphaltflächen zu entsiegeln, Spielgebüsche zu installieren, Naturerlebnispfade anzulegen, Refugien für Tiere zu bauen (Teich, Totholzhaufen, Nistkästen etc.), Wege zu führen und sowohl Formensprache als auch Materialien naturnah auszuwählen, den Schulgarten wieder aufzubauen, regelmäßig Pflanzaktionen für Blumen und Sträucher zu organisieren, Spielgeräte aus Naturmaterialien zu bauen oder Patenschaften für die Pflege zu verteilen.

  Je näher man der Natur ist, desto zwingender sind die Verpflichtungen, die sie den Schülern durch zeitgerechte Pflege, Wechsel der Jahreszeiten und klimatische Einflüsse auferlegt. Hier eröffnet sich in der Ganztagsschule ein besonderes Tätigkeitsfeld.
- Ein anderer Ideenschwerpunkt kann es sein, das Schulgelände konsequent als *Lern-, Erfahrungs- und Unterrichtsraum* zu betrachten. Äußeres Zeichen ist nicht nur die (Natur-)Freiluftklasse mit einfachen Sitz- und Schreibmöglichkeiten. Gerade für die naturwissenschaftlichen Fächer kann das Schulgelände zum Experimentierfeld unterschiedlichster Art werden (Lernen durch Tun und Begreifen). In den Abschnitten 2.1.2 und 2.1.3 sind dazu eine

Reihe von Vorschlägen gemacht worden. Auch im sonstigen Text dieses Buches ist immer wieder auf diese Möglichkeiten hingewiesen worden, im Schulaußengelände Lerngelegenheiten zu schaffen (siehe besonders auch Kap. 4.2).
- Viele Schulen haben sich dafür entschieden, ihren Schulhof schwerpunktmäßig als *Bewegungs-, Spiel- und Sportraum* zu gestalten. Neben dem Sportunterricht ist diese Art wirksamer Bewegungsförderung unverzichtbar. Damit kann das Schulgelände auch als Freizeitraum für den außerunterrichtlichen Teil des Alltags einer Ganztagsschule genutzt werden. Im Rahmen des Konzeptes einer „Bewegten Schule" sind dazu viele praktische Anregungen (siehe dazu Literaturverzeichnis im Anhang) vorgeschlagen worden.

Solche Schwerpunktsetzungen können sich zu Leitbildern der gesamten Schulentwicklung verdichten. Sie bestimmen das Image einer Schule im Ganzen.

3.5 Planung der Umsetzung

3.5.1 Das Gesamtkonzept

Das Gesamtkonzept enthält eine abgestimmte Zielvorstellung darüber, wie das Außengelände entwickelt werden soll. Die in der Planung erarbeiteten Ergebnisse müssen berücksichtigt, abgewogen und Schwerpunkte gesetzt werden, so dass sich das angestrebte Profil der veränderten Außenanlagen deutlich abzeichnet.

Die Vorschläge werden zum Teil miteinander konkurrieren. Nun sind Arbeitsgruppen gefragt, die in einem *Gruppenprozess* Lösungen gegeneinander abwägen und gezielt auswählen (siehe Auswahlmethoden Kap. 3.6.4). Kann der Fußballplatz bleiben, wo er bisher war, oder soll da die Schulgartenerweiterung Raum hinzugewinnen? Solche und ähnliche Fragen müssen erörtert werden. Machen Sie dabei Vorschläge zu Bereichen, über die noch Unstimmigkeit herrscht, und markieren Sie diese entsprechend mit einem Blitz o.Ä. Stellen Sie dieses Gesamtkonzept allen Beteiligten vor (ggf. in den jeweiligen Gremien) und sammeln Sie Zustimmung, Anregungen und Bedenken, die Sie dann anschließend einarbeiten. Wenn es wenige strittige Punkte gibt, können Sie diesen Schritt auch in einer Realisierungskonferenz (siehe Kap. 3.6) mitdurchführen.

Fassen Sie die Ergebnisse der Arbeitsgruppe auf einem Plan zusammen (siehe S. 78), auf dem die Kinder über eingetragene Ziffern ihre Wünsche wiederfinden.

Die Planabstimmung ergab u.a.: Das Spielfeld soll größer werden (Pfeile).

Zur Überprüfung der Vollständigkeit Ihres Gesamtkonzepts finden Sie hier die bereits im Kapitel 2 (Klärungsphase) angefügte Übersicht über die Funktionen des Schulgeländes. An dieser Stelle (siehe S. 79) haben wir sie durch die „Resultierenden Raumansprüche“ ergänzt. Prüfen Sie die Frage: Haben wir die für uns wesentlichen Funktionen im Blick und daraus eine für uns gute Lösung abgeleitet?

Es ist zu erwarten, dass für die einzelnen Funktionen (z.B. Bewegungsraum) eine Vielzahl von Nutzungsvorschlägen erarbeitet wurden. In der weiteren Planung werden immer wieder typische Probleme auftauchen, die in Lösungsansätze überführt werden müssen. An einem Beispiel wollen wir einen solchen Vorgang verdeutlichen. Wir zeigen am Beispiel „Raum für sportliche Bewegung“, welche Probleme z.B. bei der Einrichtung von Fußballfeldern entstehen, welche Lösungsansätze sich anbieten und welche praktischen Tipps weiterhelfen können. Weitere Beispiele zur Gestaltung von „Bewegungsraum“ sowie von „Ruhe- und Regenerationsraum“ werden im Anhang abgedruckt.

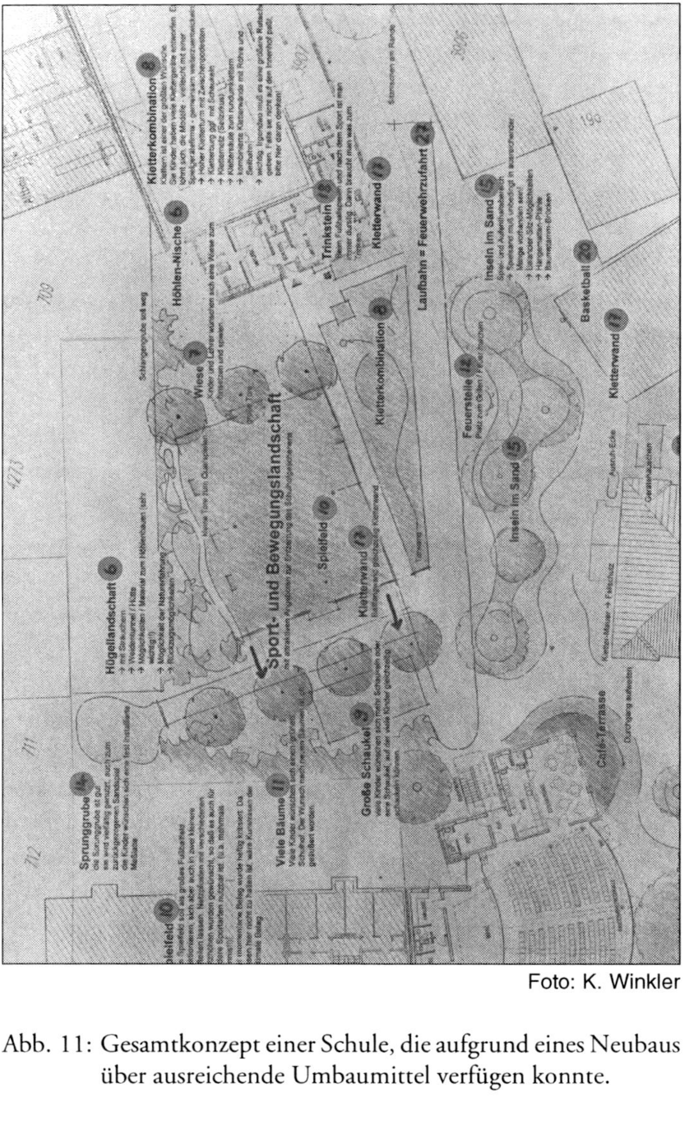

Foto: K. Winkler

Abb. 11: Gesamtkonzept einer Schule, die aufgrund eines Neubaus über ausreichende Umbaumittel verfügen konnte.

FUNKTIONEN/NUTZUNGEN	RESULTIERENDE RAUMANSPRÜCHE
Bewegungsraum • sportliche Bewegung (z.B. Ballspiele, Rollsport, Seil- und Hüpfspiele) • in Alltagsbewegungen integrierte Bewegungsformen (z.B. Balancieren, Klettern, Springen) • Kraftprobe	• Spielfelder, glatte Oberflächen, Ausstattung (z.B. Tore, Körbe, Rampen). • Spiellandschaften mit ungenormten Stufen, Steinen, Balanciermäuerchen, Hügeln, Tunneln, integrierten Spielgeräten • Möglichkeiten zum Mitbauen, Umbauen, ggf. Dauereinrichtung eines Bauspielbereichs, Bewegungs-Bau-Stelle
Spiel- und Freiraum • frei von unterrichtlichen Verhaltensnormen • frei für die Kreativität und Spielideen der Kinder	• Raum außerhalb der direkten Kontrolle von Lehrern • keine Spielgeräte, die Spielzwänge definieren, sondern multifunktional nutzbare und vielfältig interpretierbare Raumangebote und Spielbereiche unterschiedlichen Charakters
Ruhe- und Regenerationsraum • Entspannen • Essen, Trinken • Durchatmen, frische Luft schöpfen	• ruhige Randbereiche als Rückzugsort oder Beobachtungsort, Nischen mit Sitzbereichen • „schöne" Bereiche, an denen das Auge sich erfreuen kann • „grüne" Bereiche, die blühen und duften u. frische Luft produzieren
Kontaktraum, sozialer Lernort • Treffpunktfunktion • Kontakte auch über Klassengrenzen hinweg • ungestörtes, privates Klönen • eigenverantwortliches Aneignen der Alltagsumwelt	• keine altersspezifische, sondern funktionsgerechte Raumaufteilung • charakteristische Treffpunkte (z.B. bei Eingängen, am Spielfeldrand, außerhalb sozialer Kontrolle) • Rückzugs- und Schonräume • Raum zum gemeinsamen Umgestalten
Ort für Naturerfahrung • verantwortlicher Umgang mit Pflanzen und Tieren in der Alltagswelt • Jahreszeiten erleben	• naturnahe Bereiche ohne Museumscharakter, Möglichkeit des Wahrnehmens mit allen Sinnen (Kräuterspiele, Spielgebüsch,

	Kräuter am Wegesrand, Naturgärten (Einzel- u. Gruppenbeete) • Pflanzen mit jahreszeitlichem Rhythmus (Blüte, Frucht, Laub) • Tierhaltung z.B. Bienen oder Kaninchen, Verantwortung für Tiere übernehmen
Unterrichtsort • Lernen durch Begreifen (malen, messen, zeichnen, beobachten, bauen) • Lernen an der frischen Luft	• vielfältiges Gelände; (experimentierfreudige, kreative Lehrer) • Freiluftklasse (Arena, Bühne)

Fußballspielen
Eine der raumgreifendsten und konfliktträchtigsten Nutzungen auf vielen Schulhöfen ist das Fußballspielen.

Typische Problemlagen:
- Es werden fast alle dazu geeigneten Stellen als Spielfelder genutzt.
  – Verdrängung sonstiger Nutzungen;
- Keine klar gegliederten Randbereiche
  – Unfälle und Unmut durch quer laufende Schüler;
- Zu wenig Spielfelder
  – Streit in der Pause um mögliche Spielfelder;
- Zu große Spielfelder
  – Spielen trotz ausreichenden Platzangebots nur schlecht möglich;
- Hohe Frequentierung von Rasenflächen
  – Rasen immer abgespielt

Lösungsansätze:
- Spielfelder räumlich begrenzen und markieren
- Ggf. Regelungen einführen, welche Klasse in welcher Pause wo spielen kann
- Auf großen Spielfeldern durch kleinere Tore Querspielen ermöglichen

- Rasenplätze saisonal sperren, Kunststoffplätze anlegen (teuer, aber oft sinnvoll)
- Durch Einbau von Pfosten/Pfostenhülsen am Spielfeldrand, sinnvolle Kombination mit Laufbahn/Sprunggrube kann durch Multifunktionalität Raum gespart werden.

Weitere Praxistipps:
- Banden am Rand ermöglichen höhere Nutzungsintensität auf kleinen Schulhöfen.
- Sitzmöglichkeiten am Rand/Sitzzäune haben sich bewährt.
- Notwendigkeit von Ballfangzäunen an Torseite prüfen.
- Auf „Klapperfreiheit" von Ballfangzäunen achten.
- Kombinationen von Basketballkorb und Fußballtor an gleicher Stelle haben sich nicht bewährt, es kommt zu Konflikten. Lieber separaten Einzelkorb aufstellen. Höhe an Können angleichen.

3.5.2 Was wollen wir umsetzen – unsere Prioritäten

Das Gesamtkonzept stellt eine abgestimmte Zielvorstellung der Entwicklung des Schulgeländes dar. Es ist ein großes Reservoire an Möglichkeiten. Zu ihrer Realisierung muss eine Auswahl getroffen werden. Genauer: Es ist nun zu entscheiden, was wichtig und was weniger wichtig, was gleich und was später, was selbst und was durch andere realisiert werden kann.

Auch in dieser Phase muss gewährleistet sein, dass die Umsetzung der Ergebnisse für alle Beteiligten transparent ist und dass alle Gruppen (Lehrerschaft, Schülerschaft, Elternschaft, Hausmeister und nicht zuletzt mögliche Partner wie Behördenvertreter, mögliche Sponsoren) einbezogen werden, die die Realisierung unterstützen können. Dies kann z.B. durch eine sog. *Realisierungskonferenz* geschehen, die zum Ziel hat, die verschiedenen Informationen und Ideen einer möglichst breiten Schulöffentlichkeit zur weiteren Schwerpunktsetzung vorzutragen. Es geht darum, die bereits gesichtete Sammlung von Vorschlägen zur Sanierung, Nutzung, Gestaltung und als Leitbild in ein für diese Schule realisierbares Konzept zu überführen.

Als Auswahlverfahren eignen sich die Punktemethode am Plan und die Kärtchenmethode. Sehr hilfreich ist auch die Bullaugenmethode im Rahmen des Planungskonzeptes Planning for real (siehe dazu die Ausführungen im Kap. 3.6).

Es hat sich bewährt, die Vorschläge zunächst unter verschiedenen Aspekten zu sichten. Für die Auswahl können folgende drei Gesichtspunkte leitend sein:

- Wichtigkeit: wichtig – unwichtig
- Zeitpunkt: jetzt – später
- Umsetzung: selbst – andere

Einzelvorhaben	wichtig/ unwichtig	jetzt/später	selbst/andere
1. Kleine Sitzecke	x	x	x (als Beispiel)
2. Kletterwand	x	x	x
3. Spielfelder	x	x	x

Nach diesen Kriterien lassen sich die einzelnen Vorhaben bewerten. Für jede der Spalten ist je ein Votum (X) abzugeben (siehe Beispiel!). Für jedes räumliche Gestaltungselement werden damit Hinweise auf die gewünschte Art der Realisierung gewonnen. Daraus entsteht schrittweise ein Konzept, das die einzelnen Vorschläge nach Dringlichkeit, Zeitperspektive und vorhandenen Ressourcen der Umsetzung ordnet.

Eine andere Art des Vorgehens wäre, die Gestaltungswünsche nach thematischen Ähnlichkeiten zu sortieren, wie Spielangebote, Kommunikationsorte (siehe Beispiel S. 89). Auch diese Vorschläge werden von allen Anwesenden bewertet, z.B. nach den Gesichtspunkten:

• Größter Nutzen; • Leicht realisierbar; • Persönlich wichtig

Beispiel:[8]

		Größter Nutzen	**Leicht realisierbar**	**Persönlich wichtig**
1.	Bank – Tisch – Kombination	11	16	4
2.	Freiluftklasse	18	6	11
3.	Aufenthaltsmöglichleiten in Eingangsbereichen	1	2	3
4.	Überdachtes Sitzen	7		8
5.	Sitzen und Abhängen (muss stabil sein)	11	10	9
6.	Bewegtes Sitzen	1	3	1
7.	Kommunikationszentrum			1
8.	Nutzung der angrenzenden Freiraumbereiche	2	2	2
9.	Fuß- und Volleyballfelder	10	12	9
10.	Minitore für Kleinspielbereiche	5	7	4
11a.	Tauschaukel	3	1	1
11b.	Gurtschaukel	1		2
11c.	Balancieren/Baumstämme	3	5	3
11d.	Spiele auf Pflaster malen	9	9	5
12.	Skulpturengarten			4
13.	Mit Naturmaterial gestalten		2	3
14.	Projektgruppenwettbewerb	5	3	6
15.	Bänke streichen	4	8	7
16.	Abdeckung auf Streukiste	1	4	1
17.	Uhr auf Außengelände	4	7	4
18.	Abfallbehälter	1	4	
19.	Schulradio	1		4
20.	Spielausleihe	4	1	4
21.	Kletterangebote	2	2	5
22.	Hügellandschaft verbessern	2	2	3

3.5.3 Was können wir umsetzen – unsere Ressourcen

Die Art der weiteren Planung hängt ab von den Ressourcen, über die die Schule verfügt bzw. die sie einwerben kann. Welche Ressourcen stehen zur Verfügung? Welcher Typ von Schule ist Ihre Schule?

Exkurs: „Ressourcentypen"
Prinzipiell lassen sich drei „Ressourcentypen" unterscheiden. Ein Umgestaltungsprozess wird meist begonnen, wenn eine Ressource vorhanden ist und das Projekt kommt in die Umsetzungsphase, wenn eine zweite Ressource dazugewonnen wird.

Energie in der Schule	Geldquellen	Rat und Tat von Externen
• Engagierte Lehrer • + wohlwollende Schulleitung • + konstruktiver Hausmeister	• Mittel der Schulverwaltung im Rahmen von Neubau oder Sanierung • Sponsoren • Sach- und Geldspenden	• Engagierte Eltern • Fachleute für Moderation, Landschaftsplanung, Sponsoring

Über welches „Ressourcenprofil" verfügen Sie?

Ressourcentyp „Schule mit Energie"
Viele Umgestaltungsprozesse werden von engagierten Lehrern angestoßen. Erste kleine Schritte werden getan. Irgendwann wird dann eine der beiden anderen Ressourcen angezapft. Entweder wird ein Teilbereich mit Elternarbeit und Sachspenden umgesetzt, oder aber die Schul-Energie wird zur Gewinnung von Sponsoren o.Ä. aufgewandt und eine mit Fremdleistung unterstützte größere Umgestaltung wird in Gang gesetzt.

Ressourcentyp „Gelder vorhanden"
Sollten Sie zu den Schulen gehören, die plötzlich von einer bereits geplanten Sanierungs- oder Neubaumaßnahme an ihrer Schule erfährt, obwohl sich bislang kein Lehrer um dieses Thema gekümmert hat, dann sollten Sie die Gelegenheit beim

Schopfe ergreifen und sich schleunigst in die Planung einmischen. Ansonsten erhalten Sie möglicherweise ein neues Schulgelände, das leider ganz und gar nicht Ihren Vorstellungen entspricht. Organisieren Sie am besten gemeinsam mit externen Experten eine kollegiumsinterne Fortbildung zu diesem Thema, an der auch die planende Verwaltung beteiligt wird.

Ressourcentyp „Rat und Tat von Externen"
Seltener schaffen es engagierte Eltern, ein Schulgelände in Bewegung zu versetzen. Aber auch auf diesem Wege sind bereits Kletterwände und Hügellandschaften auf Schulgeländen entstanden. Es bedurfte allerdings der Kooperation mit einem wohlwollenden Schulleiter und externer Spender und Sponsoren.

Wie Sie schon den vorhergehenden Kapiteln entnehmen konnten, gehen wir in den meisten Fällen vom Typ 1 aus. Diese Situation ist meist anzutreffen, wenn der Anstoß für die Umgestaltung aus dem Lehrerkollegium kommt.

3.5.4 Wer kümmert sich worum? – Aufgaben verteilen

In einem nächsten Schritt werden nun die sog. Kümmerer ermittelt, d.h. Personen aus der Schulgemeinschaft, ob Lehrer, Eltern oder Schüler, die sich um die Realisierung, d.h. um die praktische Realisierung einzelner Vorhaben kümmern. Dabei ist es nicht zwingend, dass das einzelne Vorhaben mit möglichst vielen Punkten bewertet wurde. Warum einen Vater aufhalten, der über Kontakte zu Bauhöfen Sitzgelegenheiten beschaffen kann? Oder die kleine Gruppe Jugendlicher stoppen, die sich für die Einrichtung eines Schulradios einsetzen will?

Initiative ist wichtiger als Masse, denn für so manchen von vielen als wichtig bewerteten Punkt mag sich gar kein Kümmerer finden. Die Kümmerer sollen das Projekt durchaus nicht alleine umsetzen, sie sollen nur die Federführung (d.h. die

Moderation) für das einzelne Vorhaben übernehmen, dem sich noch andere Interessierte zuordnen sollten. So können schon während einer Realisierungskonferenz erste Projektgruppen gebildet werden, die das weitere Verfahren besprechen. Für die weitere Arbeit können folgende Punkte festgehalten werden:

- Projektidee (Ideenskizze aufschreiben)
- Kümmerer: der Moderator und weitere Mitarbeiter: Verteilung der Arbeit
- Erste Umsetzungsschritte. Womit fangen wir an? Welche Schritte sollen folgen?
- Finanzierung: benötigte Mittel; wo gibt es Unterstützung?
- Realisierungszeitpunkt: Wann sind wir zufrieden?

Beispiele: Verabredete Projekte, erste Schritte und Kümmerer	
Projektidee:	**Abfallbehälter mit Schülerbildern bemalen**
Kümmerer:	Frau R., Frau A. (Kunstlehrerinnen)
Erste Umsetzungsschritte:	Skizzen im Kunstunterricht erstellen Kostenberechnung für benötigte Materialien erstellen
Finanzierung:	Im Baumarkt nach überflüssigen Farben fragen
Realisierungszeitpunkt:	bis zu den Sommerferien vier Behälter fertig stellen
Projektidee:	**Kommunikationszentrum mit Tischen, Bänken und Sonnenschirmen)**
Kümmerer:	Herr W. (Elternvertreter)
Erste Umsetzungsschritte:	Abstimmung mit Elternrat
Finanzierung:	Baugenossenschaften auf vorhandene Ressourcen in deren Bauhöfen ansprechen
Realisierungszeitpunkt:	abhängig von den Mitteln der Baugenossenschaft
Projektidee:	**Bänke streichen**
Kümmerer:	Melanie Kl. 8a, Lena Kl. 6a
Erste Umsetzungsschritte:	Klassenlehrer und Mitschüler zur Mitarbeit motivieren

Finanzierung:	Kosten für Farbe ermitteln, Eltern nach brauchbaren Farbresten fragen
Realisierungszeitpunkt:	mit Klassen abstimmen, vor den Sommerferien eine Sitzgruppe
Projektidee:	**Schulradio**
Kümmerer:	Cagdas Kl. 8c, Vanessa Kl. 8b, Jan Kl. 8b
Erste Umsetzungsschritte:	mit Schulleitung und Schülerrat absprechen zunächst Musik in Cafeteria, später auf Schulhof
Finanzierung:	Materialkosten beantragen, Sponsoren für Finanzierung der Außenboxen finden
Realisierungszeitpunkt:	Musik in Cafeteria noch im laufenden Halbjahr Weitere Schritte, wenn Sponsorengelder da sind

Hilfreich kann es sein, die Projektideen „ins Bild zu setzen". Damit wird ein Vorhaben nicht nur für die Personengruppen der Schule anschaulich. Es können auch Sponsoren für die Einzelvorhaben damit gewonnen werden. Daraus lässt sich eine ganze „Sponsorenbroschüre" zusammenstellen, mit der um Unterstützung geworben werden kann.

3.5.5 Wo brauchen wir Hilfe von außen? – Partner gewinnen

Schließlich wird es noch einmal „ernst", denn jetzt geht's ums Geld. Aber auch hier ist Beteiligung gefragt. Die unmittelbar erreichbaren Geldquellen sind nicht nur die Gemeinde, der Landkreis oder die Stadt. Deren z.T. unbestrittene Zuständigkeit und Finanzierungsverantwortung ist noch kein Garant für die Erfüllung all der gesammelten Wünsche und Vorschläge. Es geht um die Rekrutierung weiterer Quellen.

Förderanträge werden gestellt, Sponsoren überzeugt, Elternpotentiale systematisch abgefragt (Herr Schröder ist Maurer, Frau Franke hat eine Gärtnerei, ...). Hier ist gezielte

Öffentlichkeitsarbeit nötig: Bunte Pläne und Materiallisten zum Ankreuzen und Spendenlisten machen die Runde.

Die daraus resultierenden zusätzlichen finanziellen, geldwerten Leistungen und personellen Potentiale erlauben es nun, festzulegen, was verwirklicht werden kann und welche Bauabschnitte zunächst zurückgestellt werden müssen. Unter Berücksichtigung der bautechnischen Anforderungen und Möglichkeiten werden Detailpläne erstellt. Gestiftetes oder günstig zu beziehendes Material findet dabei Berücksichtigung.

Einiges kann mit Unterstützung in Eigenleistung umgebaut werden. Anderes muss von einer Fachfirma ausgeführt werden, die fachliches Wissen und für Schwerstarbeit Maschinen zur Verfügung hat.

Letztendlich sind die Realisierungen eine Mischung aus Eigenmitteln und Fremdförderungen, wie folgende Beispiele veranschaulichen:

- Eine Schule, an der es kaum engagierte Eltern gab, investierte die Einnahmen des Schulfestes in eine Ideenskizze, mit der weitere Mittel für Planung und Umbau eingeworben wurden.
- Eine andere Schule bekam im Rahmen eines Gebäude-Umbaus Gelder für die Außenanlagen zur Verfügung gestellt. Bei der Auswahl des Planungsverfahrens und des Landschaftsarchitekten konnten sie Einfluss nehmen.
- Ein engagierter Maurer in der Elternschaft konnte nicht nur seine Fähigkeiten zur Verfügung stellen, sondern auch bei bekannten Baustoffhändlern Materialspenden organisieren.
- Während der Projektwoche konnte eine Klasse im Schulgarten eine Trockenmauer erbauen. Die benötigten Steine stiftete das Grünflächenamt, die Erd- und Pflanzmaterialien wurden von Baustoffhändlern aus der Umgebung gespendet.

Für größere Projekte lohnt es sich, eine Sponsorenbroschüre zu erstellen. Hierin werden in Kurzform der Planungsprozess der Schule skizziert und die einzelnen Projektideen mit einer Kostenschätzung dargestellt. Diese Broschüre wird dann an mögliche Sponsoren wie Firmen oder Stiftungen aus der Umgebung verschickt sowie bei Schul- und Stadtteilfesten verteilt.

3.5.6 Das Realisierungskonzept

Das Ergebnis der Abklärung in der Realisierungskonferenz wird in einem Schriftstück, dem Realisierungskonzept, zusammengefasst. Es ist im Grunde ein Arbeitsplan, der Einzelvorhaben, wie oben beschrieben, erfasst und deren praktische Umsetzung in einen Zeitplan einfügt. Der Arbeitsplan stellt dar, was die Schule will, was ihr wichtig ist, was vordringlich angefasst werden muss und was sie selbst bereit ist wie umzusetzen. Aber es enthält auch jene Wünsche, die ohne Hilfe von außen nicht zu realisieren sind und hält auch die Ideen fest, für die zu diesem Zeitpunkt noch keine Kümmerer gefunden werden konnten.

Daraus entsteht ein Arbeitsplan, der zunächst die Vorhaben erfasst, die die Schule selbst, aus eigener Kraft und der Basis eigener Ressourcen verwirklichen kann. Hierzu gehören nicht allein bauliche und gestaltende Tätigkeiten, sondern auch die Vereinbarung neuer Nutzungs- und Umgangsregeln und angemessene Formen des Spiel- und Bewegungsverhaltens.

Es wird allerdings auch Vorhaben geben, die nur mit Hilfe von außen (Eltern, Fachleuten, Sponsoren ...) realisiert werden können. Gerade wenn Sponsoren angesprochen werden sollen, hat es sich bewährt, eine kleine bebilderte Broschüre zu erstellen, in der neben den zu leistenden Arbeiten auch die Kosten (auch für anzuschaffende Objekte) aufgeführt sind. Sponsoren möchten wissen, wofür sie Mittel bereitstellen.

Eine letzte Gruppe von Vorhaben sind jene, die als größere

Baumaßnahmen weitgehend Fachleuten und Fachfirmen überlassen werden. Es sind Maßnahmen, in die auch die Behörden einbezogen werden müssen. Hierfür sind professionelle Planungen zu erstellen. In einem ausgewogenen Realisierungskonzept, sind diese drei Gruppen von Vorhaben zeitlich aufeinander abgestimmt.

Im Kap. 4, „Praktische Umsetzung“, werden wir Anregungen zur Verwirklichung dieser drei Gruppen von Vorhaben geben.

3.6 Methoden beteiligungsorientierter Planung

Wir haben bisher die Notwendigkeit und den allgemeinen Verlauf der Planungsschritte (3.1-3.4) dargestellt, aber nur angedeutet, wie denn die Personengruppen der Schulgemeinde (Lehrerschaft, Schülerschaft, Angestellte und Elternschaft) daran beteiligt werden können. Der formulierte Grundsatz der Partizipation erfordert entsprechende beteiligungsorientierte Methoden, d.h. Methoden, die es ermöglichen, alle Gruppen der Schulgemeinde in den Planungsprozess einzubeziehen.

Dabei müssen einige typische Probleme gelöst werden:

1. Es ist eine gemeinsame Vorstellung von der Ausgangssituation zu entwickeln, d.h. von dem, „was ist“; diese Aufgabe ist vor allem bei der Sichtung des Bestandes und der Nutzung des Geländes zu lösen (*Ist-Stand-Erhebungen).*
2. Das was gesammelt wird (wie räumlicher Bestand, Aktivitäten, Wünsche, Kritiken) muss dokumentiert, festgehalten und geordnet werden, damit es für den weiteren Prozess verfügbar ist (*Dokumentation und Präsentation).*
3. Über das Bestehende hinaus sind neue Ideen, Wünsche gefragt, Visionen dürfen geäußert werden, die es erlauben, Vorhandenes neu organisieren (*Kreativmethoden).*
4. Schließlich sind alle im Prozess erhobenen Daten zu bewer-

ten. Aus der Vielfalt der Vorschläge ist eine Auswahl zu treffen: nachvollziehbare Kriterien sollen eine Selektion ermöglichen (*Auswählen, Bewerten*).

5. Die hier aufgeführten einzelnen Weisen des methodischen Vorgehens stehen in einem Planungszusammenhang, sie werden im Rahmen eines Planungskonzeptes ausgewählt (*Planungskonzepte*).

Methoden-Koffer

Ist-Stand
Gruppengespräch
Teilnehmende Beobachtung
Interview-Streifzug
Foto/Video-Streifzug
Spielforscher

Kreativitätsmethoden
Brainstorming
Kärtchenmethode
Phantasiereisen
Modellbau
Fotomontage

Dokumentation/ Präsentation
Fotodokumentation
Dokumentation am Plan
Modellbau
Wunschbaum/Klagemauer
Infobrett

Auswählen/Bewerten
Kriteriengeleitete Auswahl
Abstimmung
Punktmethode am Plan

Planungskonzepte
Planungsworkshop **Zukunftswerkstatt**
Planning for real

Die hier zusammengestellte Methodenübersicht skizziert die wichtigsten allgemein bekannten Verfahren. Sie lassen sich den vier genannten Problembereichen nicht immer eindeutig zuordnen. Sie sind für die einzelnen Planungsschritte (siehe Kap. 3.1.-3.5) unterschiedlich einsetzbar. Mitunter sind sie für den einen oder anderen dieser Schritte besonders geeignet und deshalb zu bevorzugen. So ist z.B. die teilnehmende Beobachtung besonders für die Erhebung von Daten über die Nutzung des Schulgeländes geeignet. Das Gruppengespräch wiederum kann fast in jeder Planungsphase eingesetzt werden.

Wenn Sie sich über Ihre schulspezifischen Fragestellungen und über das für Sie in Frage kommende Planungskonzept klar sind, wählen Sie passend dazu die Methoden aus diesem Methodenkoffer aus und schneiden sie auf ihre Bedingungen zu. Bei der Vorbereitung und Durchführung solcher Beteiligungsmethoden kann professionelle Unterstützung sinnvoll sein.

Die einzelnen Methoden werden hier kurz beschrieben und an Beispielen wird verdeutlicht, wie wir sie verwendet haben.

3.6.1 Ist-Stand-Erhebung

Die folgenden Methoden helfen bei der Erstellung eines Gesamtkonzepts, vor allem in der Analysephase.

Gruppengespräch

Das gelenkte oder freie Gespräch in Gruppen ist die übliche Form der Integration von Personen in Prozesse der Klärung praktischer Fragen. Als Klassengespräch ist es eine eingeführte und Schülern vertraute Form der Bearbeitung von Themen im Unterricht. Das Gespräch mit und unter Schülern ist eine erste Möglichkeit, die Schüler mit der Frage der Schulhofgestaltung vertraut zu machen, ihr Interesse daran zu wecken, ihre besondere Expertenschaft zu betonen und sie mit der Planung und Durchführung des gesamten Projektes vertraut zu machen. Das Unterrichtsgespräch wird wohl immer wieder im Laufe des Projektes notwendig sein, um die Beteiligung der Schüler an den Analysen und Erhebungen und an der Diskussion und Auswahl von Alternativen zu sichern. Entsprechendes gilt für Gruppengespräche mit klassenübergreifend zusammengesetzten Schülergruppen, etwa im Rahmen der Planung von praktischen Vorhaben zur Umsetzung.

Teilnehmende Beobachtung

In der relativ geschlossenen Gemeinschaft einer Schule ist grundsätzlich jeder des anderen Beobachter. In unserem Fall ist der Blick gelenkt und bewusst auf allgemein interessierende Fragen gerichtet, wie: Was tun die Schüler in der Schulpause? Was kann und muss auf unserem Schulgelände geändert werden? (siehe dazu z.B. die Fragen finden im Kap. 3.1 und 3.2). In einigen Fällen haben wir zunächst die aufsichtführenden Lehrer angesprochen und sie gebeten, sich zu diesen Fragen Notizen zu machen. Dabei wurden nicht allein die Schülerinnen und Schüler in den Blick genommen; die Lehrer selbst haben ihre eigenen Probleme bei der Aufsicht beschrieben. Teilnehmende Beobachtungen bleiben folgenlos, wenn sie nicht dokumentiert und problembezogen ausgewertet werden (siehe dazu die Ausführungen zu Dokumentation und Präsentation).

Interview-Streifzüge

Streifzüge sind zunächst relativ ungerichtete Unternehmungen. Von Schülern (mit oder ohne Lehrer) unternommen können sie aber schon von vornherein eine Selektion der für die Schüler wichtigen Tatbestände erbringen. Beim Interview von Schülern und Lehrern können durch bestimmte vorher formulierte Fragen Schwerpunkte gesetzt werden, d.h. es sollte ein so genannter „Interview-Leitfaden“ entwickelt werden. Er kann im Klassengespräch mit Schülern erarbeitet werden. Dabei können wiederum insbesondere Fragen der Nutzungsanalyse zu Rate gezogen werden. Was ist kaputt und muss ausgebessert werden? Gibt es Dreckecken? Was stört beim Spielen? usw. Auch hier ist die Dokumentation der Interviewergebnisse Voraussetzung für die weitere Verwendung.

Foto-Streifzüge

Fotostreifzüge haben sich sehr bewährt. Eine Fotodokumentation mit kommentierenden Texten sagt mitunter mehr als tausend Worte. Der Fotostreifzug kann gut für die Schulhofanalyse eingesetzt werden. Die Kinder bekommen den Auftrag, Orte zu fotografieren, an denen sie gerne spielen und solche, an denen sie nicht gerne spielen. Die Kinder stellen sich mit auf das Foto und zeigen durch Daumenstellung ihre Meinung an.

Foto: K. Winkler

Abb. 12: Daumen hoch: „Der Baum ist klasse!"

Foto: K. Winkler

Abb. 13: Daumen runter: „Die Pfützen stören uns!“

(Daumen hoch = positive Bewertung, Daumen runter = negative Bewertung). Zur Auswertung werden die Fotos mit positiver Bewertung auf grüne, mit negativer Bewertung auf rote Pappe geklebt. Neben dem Foto wird schriftlich die Begründung zur Bewertung aufgeschrieben und möglicherweise werden direkt Verbesserungsvorschläge notiert.

Mit dem Blick durch das Fotoobjektiv wird eine gewisse Distanz hergestellt zu dem im Alltag kaum noch wahrgenommenen Raum (vgl. Kap. 3.3 Raumwirkung). „Wo ist denn das?“, „Das gibt es auf unserem Schulhof?“ – das sind Aussagen, die zeigen, dass etwas, an dem man täglich achtlos vorübergeht, nun über die Abbildung ins Bewusstsein gedrungen ist und damit Gegenstand der Auseinandersetzung werden kann.

An einer gut zugänglichen Infowand können im Wechselspiel von „Vorher – Nachher“ der Jetztzustand und erwünschter (bzw. erreichter) Endzustand gegeneinander abgehoben werden (siehe Dokumentation und Präsentation). Die erstellten Fotos können zu Kollagen zusammengefasst und mit ihnen erwünschte Bilder vom Schulgelände erzeugt werden. Das stellt zugleich einen Bezug zur Kreativmethode her.

Video-Streifzüge
Diese Methode kann wie die zuvor beschriebene eingesetzt werden. Sie hat sich aber besonders bewährt, um Vergleiche mit anderen Schulen herzustellen. Eine Arbeitsgruppe in einer Hamburger Schule (bestehend aus Eltern, Lehrern, Hausmeister und Schülern), die zunächst wenig überzeugt waren von der Notwendigkeit der Neugestaltung ihres eigenen Schulhofes, entschieden sich, einen Videofilm über die Schulhofgestaltungen von zwei anderen Schulen zu erstellen. Das, was sie an Material mitgebracht hatten, hat das Gesamtkollegium und die Schulkonferenz schlagartig überzeugt. Auf diese Weise über den Tellerrand zu schauen haben auch ganze Klassen mit ihren Lehrern unternommen. Dieses Verfahren hat sich – auch in der Hand der Schüler – bei der Nutzungsanalyse bewährt.

„Die Spielforscher"
Dies ist der Begriff für ein Verfahren, das mehrere der bisher beschriebenen Methoden in sich vereint. Dieses Verfahren geht von der grundsätzlichen Überzeugung aus, dass Kinder die eigentlichen Experten für die Gestaltung ihrer eigenen Spiel- und Bewegungsräume sind. Sie wissen, wo sie gerne spielen, haben Erfahrungen gewonnen, wo sie in ihren Möglichkeiten begrenzt sind, und können Ideen für bessere Chancen formulieren. Spielforscher suchen in Gruppen (mit und ohne Begleitung Erwachsener) Raumzonen und Orte auf, die sie erforschen und bewerten. Durch „Forscherausweise, Forscherschulungen, Forscherausstattung und Forschungsberichte" wird ein spielerischer Rahmen mit starkem Aufforderungscharakter geschaffen. Einzelne Aussagen, Bilder oder Videoszenen (s.o.) ergänzen die Bewertungen der aufgesuchten Spielorte.

3.6.2 Dokumentation und Präsentation

Das Dokumentieren von erhobenen Informationen kann zu unterschiedlichen Zwecken erfolgen. Entweder sollen die Inhalte gesichert werden um damit weiterzuarbeiten oder die Ergebnisse sollen präsentiert werden. Die Präsentation kann gegenüber der Schulöffentlichkeit, aber auch gegenüber vorhandenen oder künftigen Sponsoren erfolgen. Entsprechend ist der Aufwand für die Grafik zu wählen.

Dokumentation am Plan

Bei allen Methoden, bei denen Ergebnisse mit räumlichem Bezug erwartet werden, lohnt es sich, sie direkt am Plan des Schulgeländes zu dokumentieren. So können Raumbezüge am leichtesten veranschaulicht werden. Vergrößern Sie dazu Ihren Schulhofplan bis er ca. A1- oder A0-Format hat.

Zur Veranschaulichung von Ergebnisse aus der Analyse können folgende Farbzuordnungen verwendet werden: Kritikpunkte – rot, positive Nutzung – grün, Verbesserungsvorschläge/Wünsche – blau. Sie können entweder direkt mit farbigen Stiften auf den Plan schreiben oder Sie verwenden Kärtchen. So erhalten Sie einen Überblick über positive oder problematische Bereiche und ihre räumliche Zuordnung.

Als besonders effektiv hat es sich erwiesen, die Dokumentation am Plan mit der Punktmethode zu kombinieren. Jeder Teilnehmer erhält drei rote und drei grüne Punkte und markiert z.B. grün die Bereiche, die gut genutzt werden, und rot Bereiche, die er für besonders verbesserungsbedürftig hält. Danach werden die Gründe dafür abgefragt und am Plan notiert. Es entsteht eine gute Grundlage für ein Gesamtkonzept. Es ist offenkundig, dass mit dieser Methode zugleich Bewertungen und Auswahlentscheidungen getroffen werden.

Modellbau (Präsentationsmodell)
Noch mehr als der zweidimensionale Plan bietet der Modellbau die Chance, durch dreidimensionale Darstellung sehr anschauliche Vorstellungen von möglichen Raumarrangements herzustellen. Rein sprachlich formulierte oder auf zweidimensionalen Plänen erfasste Vorschläge sind gerade für Kinder schwer zu entziffern. Modelle liefern einen schnell erfassbaren Überblick. Damit ist vor allem die außerschulische Öffentlichkeit zu beeindrucken. Die Schule zeigt am Modell, was sie will. Einzelne Raumgestaltungen (eine Klettermöglichkeit, ein Spielhügel) werden auf einem großen Schulhofplan aufgeklebt. Auf Styroporplatten aufgebracht und auf mehreren Tischen in der Pausenhalle aufgestellt kann das Modell das Projekt Schulhofgestaltung lebendig halten.

Der Modellbau kann noch andere Funktionen erfüllen. Deshalb kommen wir noch mehrfach darauf zurück (s.u.).

Wunschbaum
Dies ist eine andere Form der Dokumentation und Präsentation von Wünschen, die für alle zugänglich gemacht werden kann, wenn dafür – ähnlich wie auf der Info-Wand – ein geeigneter Ort gefunden wird. Die Blätter des Baumes sind Wünsche, die in der Phase der Erhebung gesammelt wurden. Die Blüten des Baumes können die Zukunftsträume darstellen und die Früchte, das, was bald geerntet werden kann (vgl. Kärtchenmethode).

Info-Brett
Das Infobrett dokumentiert den gesamten Prozess in seinem jeweiligen Stand. Es ist für die Erzeugung der Transparenz des Verfahrens, für die Motivation und für Aufrufe zur Mitarbeit unerlässlich. Das Infobrett schafft allerdings nur dann die Funktion der schulinternen Öffentlichkeitsarbeit, wenn es ständig aktualisiert wird. Dafür müssen ausgewählte Personen (Lehrer, Schüler, Hausmeister, Koordinator) bestimmt werden.

3.6.3 Kreativitätsmethoden

Bei der Entwicklung von Ideen (s. z.B. 3.4) lohnt es sich, durch Methoden die Phantasie anzuregen, Synergien beim Zusammenstoßen unterschiedlicher Ideen methodisch zu nutzen und auch das räumliche und bildliche Vorstellungsvermögen zu unterstützen. Kreativ meint nicht nur fähig zu sein, Neues zu denken, es kann auch heißen, vorhandene Vorstellungen und Vorschläge neu zu kombinieren und Lösungen für Planungskonflikte auszudenken.

Brainstorming
Dies ist eine sehr offene, gering gelenkte Form, eigene Vorstellungen ohne Einschränkung auf das Machbare zu formulieren. Visionen, neue Ideen zur Gestaltung des Schulraumes können und sollen formuliert werden. Ein Brainstorming sollte nicht länger als 20 Minuten dauern. Wichtig ist auch hier, die Ergebnisse festzuhalten, zu ordnen und später zugänglich zu dokumentieren.

Kärtchenmethode
Bei Planungsworkshops kann diese Methode als Einstimmung eingesetzt werden. Die Teilnehmer notieren auf Kärtchen, welche Wünsche sie für ihren Schulhof mitgebracht haben. Bei Einsatz der Kärtchenmethode ist es möglich, zum Ende des Workshops, wenn eine Analyse durchgeführt wurde, konkrete Wunsch-Kärtchen auf dem Plan einem Standort zuzuordnen. Diese Methode eignet sich auch zur Dokumentation des Brainstorming oder der Phantasiereisen (s.u.). In Bild und Sprache übersetzt werden die Ergebnisse auf Kärtchen festgehalten. Verschiedene Farben und Formen der Karten lassen erste Ordnungen zu: nach Alter, Geschlecht, Ausstattungstypen, Raumzonen usw. Auf einen Plan aufgesteckt oder an einen Wunschbaum gehängt schaffen sie Übersicht über die gesammelten Vorschläge. Ebenso können (etwa

mit den Farben Rot und Grün) unerwünschte von bevorzugten Vorschlägen unterschieden werden.

Phantasiereisen
Phantasiereisen können uns aus der Bindung an die bestehende Realität befreien. Sie sind geeignet, sich in der Vorstellung in ganz andere Welten zu versetzen und dort zu spielen, phantastische Geschichten zu erleben und sie in Bildern festzuhalten. Phantasiereisen beziehen sich auf Ereignisse, auf Szenen, auf Geschichten. Damit werden zugleich Raumgliederungen und Raumausstattungen ins Blickfeld gerückt. Raumstrukturen werden neu, sozusagen „als etwas" gedeutet und gegebenenfalls entsprechend gestaltet, zunächst in Gedanken, dann in der Realität.

Modellbau
Im Modellbau wird experimentiert mit Gestaltungsmöglichkeiten, man macht Ideen anschaulich, baut um, sucht die besten Lösungen und versetzt sich in die Rolle des Raumnutzers.

Um angemessene räumliche Lösungen zu finden hat sich die Arbeit am dreidimensionalen Modell bewährt. Es dient weniger der Präsentation als vielmehr der Diskussion, Weiterentwicklung und einfachen Veranschaulichung von Wünschen und Ideen.

Das Modell wird auf einer Kopie des Außengeländes aufgebaut, die aus Gründen des Transportes auf ein Brett oder in eine Pappkiste gelegt oder geklebt wird. Der Maßstab richtet sich nach der Fragestellung und Größe des zu bearbeitenden Bereichs. Modellbau wird meist zur Gestaltung abgegrenzter Raumbereiche eingesetzt, die genauer bearbeitet werden sollen. Bewährt hat sich die Arbeit in Kleingruppen an verschiedenen „Bananenkisten-Modellen".

Mit einfachen Materialien (Salzteig, Sand, Erde, Stahlwolle, Moos, [getrocknete] Pflanzenteile, Draht, Korken, kleinen

Kieseln etc.) wird zunächst der Bestand nachgebaut. Bereits aus der gemeinsamen Auseinandersetzung mit dem Bestand ergeben sich aus den Gesprächen/Diskussionen wichtige Anhaltspunkte für zukünftige Nutzungen und Gestaltungen. Ein solches Arbeitsmodell besteht deshalb nicht nur aus dem Modell selbst, sondern immer auch aus einer Dokumentation der „Ergebnisse am Rande“ (z.B. auf Kärtchen notiert).

Stellen Sie dann Ihre Ideen in den Raum, schieben Sie hin und her, probieren Sie aus, diskutieren Sie über Standorte und resultierende Nutzungen und einigen Sie sich. Beschriften Sie anschließend das Modell und beschreiben Sie dabei auch die Gründe, weshalb Sie diese Lösung für gut halten.

Fotomontage
Sie lässt es zu, in ein Foto vom Schulhof neue Elemente, Geräte, Raumgliederungen einzufügen und so einen veränderten und erwünschten Zustand darzustellen. Fotokollagen machen Wünsche konkret anschaulich.

3.6.4 Auswahlverfahren

Im Laufe der Beteiligung ist es immer wieder notwendig, zwischen Alternativen zu entscheiden, eine Auswahl zu treffen und Prioritäten zu bestimmen. Hierbei können die folgenden Methoden helfen.

Kriteriengeleitete Auswahl
Zur Auswahl können Kriterien benannt werden, nach denen Vorschläge bepunktet werden. Z.B. kann die Zeitperspektive (gleich, bald oder später) leitend sein. Die Vorschläge lassen sich ebenso nach Dringlichkeit (dringend, weniger dringend) ordnen oder auch danach, was man selbst machen kann und wozu die Hilfe anderer nötig ist. Wählt man dieses Verfahren, sollten in jedem Fall die Kriterien bekannt sein.

Abstimmung
Natürlich verfolgen die verschiedenen Nutzergruppen auch unterschiedliche Interessen. Jungen und Mädchen, die Großen und die Kleinen, Schüler und Lehrer, Hausmeister und sonstige Nutzer am Nachmittag bringen ihre Interessen ein und formulieren ihre Gründe. Stimmt man dann darüber ab, sollte im Verfahren gesichert sein, dass auch Minderheiten eine Chance bekommen.

Punktmethode am Plan
Weitgehend sprachfrei verläuft die Punktemethode. Hinter den auf Kärtchen festgehaltenen Vorschlägen oder auf das Gesamtkonzept klebt man seine Punkte, die die eigenen Prioritäten darstellen. Jeder hat drei rote Punkte, die er auf die Vorschläge verteilen kann. Es entsteht dann sehr schnell ein anschauliches Bild über eine Rangfolge.

3.6.5 Planungskonzepte[9]

Planungskonzepte beschreiben einen Rahmen für den gesamten Prozess der Schulhofgestaltung. Die hier vorgelegte Handlungsanleitung ist selbst ein Planungskonzept, das sich in seinem Aufbau an der Zukunftswerkstatt orientiert. Den Prinzipien zur Schulhofgestaltung folgend führt es Verfahren und Methoden der Erhebung, Bewertung und Dokumentation bezogen auf die Ziele der Schulhofgestaltung zu einem umfassenderen und in sich stimmigen Konzept zusammen.

Der Planungsworkshop
Zum Einstieg ins Thema Schulhofgestaltung hat sich eine Fortbildung zur „Außengeländegestaltung" bewährt, an der möglichst sowohl Lehrer als auch Elternvertreter, Schülervertreter, Hausmeister und Behördenvertreter teilnehmen sollten.

Zunächst werden Bilder von beispielhaften Geländen gezeigt und dabei die Funktionen, die ein Schulgelände erfüllen kann, ins Auge genommen.

Zur Schulhofanalyse bilden sich Gruppen, die einen leitfadenbezogenen Rundgang über den Schulhof machen. Die Themen der Leitfäden bilden die verschiedenen Analyseaspekte ab (materieller Aspekt, Nutzungsaspekt, gestalterischer Aspekt).

Die Ergebnisse werden anschließend an einem Plan zusammengetragen. Zunächst markiert jede/r nach der „Punktmethode am Plan“ die Bereiche farbig, die sie/er aus ihrer/seiner Leitfaden-Perspektive als besonders zufrieden stellend oder besonders verbesserungsbedürftig einstuft.

Nach Teilbereichen werden dann im Gruppengespräch die Gründe für die Bepunktung nachgefragt und auf dem Plan notiert und sofort Verbesserungsvorschläge notiert. Ggf. werden Alternativen aufgeschrieben oder weitere Schritte für eine Lösungsfindung festgelegt.

Die hier erlernte Punktmethode kann dann in abgewandelter Form (z.B. Foto-Streifzug) mit Kindern durchgeführt und so ergänzt werden.

Zukunftswerkstatt

Das ist eine von Robert Jungk entwickelte Methode, die Gruppen helfen soll, Ideen zu entwickeln, sich über gemeinsame Ziele zu verständigen und Möglichkeiten der Realisierung zu erarbeiten. Entsprechend werden drei Phasen unterschieden:

1. Die Kritikphase dient der Bestandsaufnahme kritikwürdiger Zustände, von Problemen und Mängeln (siehe Kap. 2 und 3).
2. Die Ideen- und Phantasiephase dient der Sammlung von Visionen, Träumen und Vorschlägen zur Veränderung (siehe Kap. 2 und 3).
3. die Umsetzungs- und Verwirklichungsphase umfasst die

Suche von und die Entscheidung über Möglichkeiten der Umsetzung (siehe Kap. 3.5).

Im hier vorgelegten Handlungsfaden sind die Schritte der Zukunftswerkstatt angesichts der Besonderheiten des Planungsfeldes Schule und Schulraumgestaltung weiter ausdifferenziert und konkretisiert worden.

Planning for real [10]

Dieses Konzept einer realitätsnahen Planung ist vor allem dann geeignet, wenn unterschiedliche Gruppen (wie in unserem Falle Lehrerschaft, Schülerschaft, Elternschaft, Hausmeister und Schulangestellte), aber auch externe Einrichtungen (Behörden, mögliche Sponsoren, Fachleute ...) an dem Prozess zu beteiligen sind. Dabei werden nicht nur verschiedene Interessen eingebracht und aufeinander abgestimmt, sondern auch die Ressourcen und Talente der beteiligten Gruppen aktiviert und genutzt. Dies geschieht mit Verfahren, die bewusst nicht auf Argumentation (und sprachliches Geschick) der Beteiligten aufbauen. Dies erlaubt es z.B. auch die Eltern ausländischer Kinder in das Verfahren einzubeziehen. Die eingebrachten und abgestimmten Vorschläge werden dann nach Wichtigkeit, zeitlicher Dringlichkeit und Umsetzbarkeit geordnet und in einem Aktionsplan dokumentiert. Dabei werden zuständige Personen benannt (Kümmerer), die verantwortlich für die weiteren Schritte sind.

Zuschnitt des Verfahrens auf die jeweilige Situation

Letztlich muss jede Schule ihr eigenes Verfahren bestimmen. Viele Wege führen zum Ziel. Wir sind aufgrund der jeweiligen Situation an den Schulen auf ganz unterschiedliche Weise vorgegangen. Wichtig ist nur, dass das Ziel nicht aus den Augen verloren wird, dass es eine Zeitplanung für die notwendigen Schritte gibt, dass verwertbare Ergebnisse erzielt werden und dass die Grundsätze der Beteiligung und der Transparenz des

Verfahrens erfüllt werden. Die Beispiele, die in diesem Buch dokumentiert sind, zeigen unterschiedliche Vorgehensweisen.

Methoden-Workshop
Die Ergebnisse all dieser Methoden, Verfahren und Konzepte sind umso besser weiterzuverwenden, je umfassender, genauer und zielorientierter sie erhoben, dokumentiert, bewertet und ausgewählt werden. Für die einzelnen Planungsphasen (Kap.

Checkliste Planungsphase	**erledigt**	**noch offen**	**verschoben**
1. Alle Mitglieder der Schulgemeinde sind direkt oder indirekt in die Planung einbezogen. Ein Info-Brett zeigt für alle zugänglich den jeweiligen Stand der Planung an.			
2. Die Bestandsanalyse würdigt den Bestand und macht aber auch auf notwendige Veränderungen, Reparaturen und Ergänzungen aufmerksam.			
3. Die Nutzungsanalyse hat ergeben, wo man sich auf dem Schulhof wohl fühlt und wo und wie man die Nutzungsmöglichkeiten weiterentwickeln könnte.			
4. Die Raumanalyse hat den Blick für Gestaltungsmöglichkeiten geöffnet.			
5. Weitergehende Wünsche und Ideen sind aufgelistet und ergänzen die Gestaltungsvorschläge.			
6. Über Bestand, Nutzung und weitere Wünsche liegt eine Liste mit Vorschlägen – ein Gesamtkonzept – vor, das beschreibt, was die Schule wann anpacken möchte.			

3) sind schwerpunktmäßig, wie gezeigt wurde, je eigene methodische Ansätze notwendig. Es hat sich gelohnt, das Kollegium bzw. die Arbeitsgruppen in die Verfahren einzuweisen und mit klaren Anleitungen zu unterstützen. Dies ist in sog. Methoden-Workshops geschehen, die am Nachmittag oder in einer Pausenkonferenz durchgeführt wurden. Im Anhang sind einige Beispiele solcher Anleitungen für ausgewählte Erhebungen aufgeführt.

4. Praktische Umsetzung

4.1 Bauen, beleben, bewahren

Hier geht es um die Frage, was getan werden muss, um das geplante Konzept der Schulhofgestaltung zu realisieren. Praktische Schulhofgestaltung umfasst drei Handlungsbereiche: Bauen, Beleben, Bewahren.

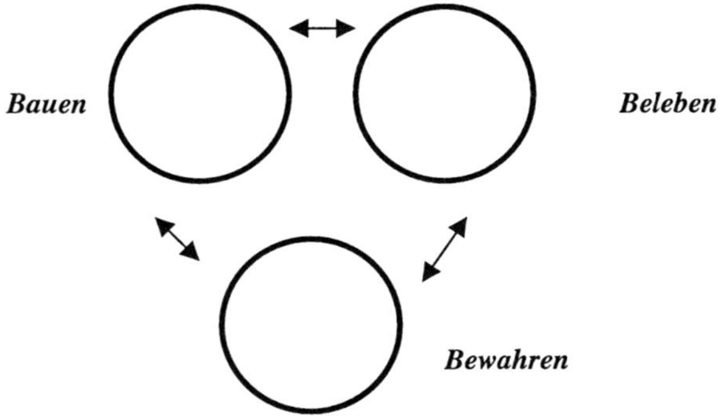

Bauen

Es geht um Raumgestaltung. Das kann heißen: neue Fußballtore aufstellen, Asphaltflächen wegnehmen, einen Spielhügel aufschütten, eine Sitzecke bauen, Wege pflastern, Kletterwand einrichten, Sitzmöglichkeiten schaffen, Spielhecke pflanzen usw.

Beleben

Die Neugliederung von Raumbereichen und die Ausstattung mit neuen Geräten sollen die Bedingung schaffen für eine vielfältigere, erfahrungs- und erlebnisreiche Nutzung. Welche neuen Chancen eröffnet der gestaltete Schulhof, wie kann die Nutzung so geregelt werden, dass alle zu ihrem Recht kommen und unnötige Nutzungskonflikte ausgeschlossen werden?

Bewahren

Intensive Nutzung verändert, gestaltet, verschleißt und zerstört. Wer selbst mitgestaltet hat, hat auch Interesse zu erhalten. Ein Spielrasen braucht Pflege, lockere Klettergriffe müssen befestigt, die Basketballkörbe gerichtet werden. Die Kräuterspirale braucht, wie der ganze Schulgarten, die übliche Frühjahrspflege. Müll muss immer wieder neu entsorgt, die Pausenspielgeräte eingesammelt und sicher aufbewahrt werden.

Im Zusammenspiel von baulicher Gestaltung, lebendiger Nutzung und fürsorglicher Pflege wird sich letztlich entscheiden, ob eine Schulhofgestaltung nachhaltig gelingt. Mit dem Bauen und Ausstatten ist das Projekt keineswegs beendet, auch die Nutzung und die Erhaltung bedürfen der Regelung.

Es ist sogar denkbar – vielleicht sogar empfehlenswert – den Kreislauf der drei Aktivitäten (Bauen, Beleben, Bewahren) z.B. mit einer *Belebung des Pausenspiels* zu beginnen und aus diesen Erfahrungen den Bedarf an baulicher Veränderung abzuleiten. Ebenso nahe liegend kann es sein, mit der *Pflege und Wiederherstellung der vorhandenen Ausstattung* zu beginnen oder mit dem Bau einer Kräuterspirale im Schulgarten. Hieraus mag deutlich werden, dass das Zusammenspiel jeder dieser drei Seiten angestoßen werden kann und dabei nicht ohne Auswirkungen auf die jeweils anderen bleibt.

In unserer Handlungsanleitung sind wir von der Notwendigkeit einer baulichen Gestaltung ausgegangen. Sie ist die Bedingung für unser zentrales Anliegen einer schulgerechten Nutzung, die wiederum durch Pflege gesichert sein muss. Dieser Schwerpunktsetzung folgen wir auch bei den folgenden Vorschlägen zur praktischen Umsetzung.

4.2 Integration des Gestaltungsprozesses in den Schulalltag

Den Prozess der Schulhofgestaltung in den Schulalltag zu integrieren bedingt zwei Voraussetzungen:

- erstens, dass es möglich ist, mit dieser Aufgabe auch den Bildungsauftrag der Schule zu erfüllen;
- zweitens, dass es gelingt, die von den Klassen und Arbeitsgruppen erarbeiteten Ergebnisse auch wirklich für den Gestaltungsprozess verfügbar zu machen.

Diese nicht alltäglichen Anforderungen bedürfen der schulinternen Moderation. Hierzu sind Abstimmungen in der Lehrerkonferenz, den Fach- und Stufenkonferenzen in Verbindung mit der Prozessmoderation unerlässlich. Nur so lässt sich das Potential der Schule ernsthaft aktivieren.

Wo bietet der Schulalltag Raum für ein solches Unternehmen? Da ist zunächst der *Fachunterricht*. Die mit dem Thema verbundenen fachübergreifenden Aspekte lassen sich vorzüglich in *Projektunterricht*, *Projektwoche* etc. aufgreifen. Ergänzend kann in den nachmittäglichen *Arbeitsgemeinschaften* an diesem Thema gearbeitet werden. Schließlich ist da die *Pausenzeit* selbst, die Raum gibt für viele zeitbegrenzte Verrichtungen.

Bereits in den Kap. 2 und 3 haben wir auf vielfältige Möglichkeiten hingewiesen, wie das Vorhaben im und durch den Unterricht unterstützt werden kann. Wir hatten bereits (in Abschnitt 2.1) auf die mögliche Beziehung des Themas Schulhofgestaltung zum Bildungsauftrag der Schule hingewiesen.

4.2.1 Schulhofgestaltung im Unterricht

Als Möglichkeit die Vielfalt von Anknüpfungspunkten zu systematisieren, knüpfen wir an die in Kap. 2.1.2 begonnene Typisierung des Schulhof als Raum möglicher Erfahrungen an.

Dies eröffnet folgende Themenfelder, die im Unterricht aufgegriffen werden können:

- Themenfeld *Naturraum:* Trotz aller baulichen Maßnahmen der Oberflächengestaltung, der Raumgliederung, Begrenzung und Ausstattung ist der Schulhof ein *Naturraum.* So sehr die sichtbare Natur auch immer verdrängt oder auf pflegeleichte Bepflanzung reduziert sein mag, kann Natur zum Thema werden: Die Jahreszeiten auf unserem Schulhof; Wir entdecken und schützen die Tierwelt auf unserem Schulhof; Wie können wir das Fußballfeld trocken legen? Unterschiedliche Temperaturen an verschiedenen Stellen; Schattige Stellen und sonnige Plätze schaffen! Einen Windschutz bauen; Die Pfütze leben lassen. Biotope entdecken und schützen! Aber auch: Welche Heckenpflanzen brauchen wir für eine Spielhecke?
- Themenfeld *funktionell gestalteter Raum*: Er soll zu etwas gut sein. Diese Raumbereiche sollen bestimmte Aktivitäten der Schüler ermöglichen oder aber auch verhindern. Er soll der Erholung und Entspannung dienen, Kommunikation zwischen den Schülern schaffen, er soll Möglichkeiten zum Spielen und Toben geben, aber auch zum Klönen und „Abhängen“. Das Verhältnis von Raumgestaltung und Verhalten der Schüler lässt sich zum Thema machen. Schüler können erforschen, welche Erwartungen die Mit-

schüler mit diesen Funktionen verbinden, wieweit sie erfüllt sind und wie sie sich besser entfalten könnten. Diese Bedürfnisse baulich zu verwirklichen fordert die Gestaltungskompetenz der Schüler heraus (siehe Kap. 2.1.4).

- Themenfeld *Spiel- und Bewegungsraum*: In Bewegungsspielen bilden die Schüler Gruppen. Jeder einzelne ist eingebunden in einem sozialen Handlungszusammenhang. Spiele, die die Kinder selbst spielen bieten Anknüpfungspunkte für Themen des Sportunterrichts. Anregungen zu Spiel und Sport, die im Sportunterricht gegeben werden, können in die Pausenspiele Eingang finden. Auch Ideen für pausengeeignete Spielturniere lassen sich im Sportunterricht erarbeiten. Da auch bestimmte Bereiche des Schulhofes im Sportunterricht genutzt werden, gibt es viele Gelegenheiten der gegenseitigen Befruchtung. Die „Aktive Pause" liefert Chancen, Probleme und Möglichkeiten der sozialen Organisation mit Schülern aufzugreifen.
- Themenfeld *Sozialraum*: Im Erleben der Schüler ist der Schulraum zunächst *Sozialraum*, vor, nach der Schule und während der unterrichtsfreien Zeit. Hier treffen Jungen und Mädchen, ältere und jüngere Jahrgänge, Lehrer und Schulangestellte aufeinander. Die Kommunikation ist relativ offen und nicht diktiert, aber dennoch durch die Schulordnung auch institutionell geregelt. Die besonderen sozialen Strukturen der Schulpause können zum Gegenstand der Sozialkunde werden. Themen: Wie wir miteinander umgehen; Mädchen und Jungen; Die Großen und die Kleinen; Wir vereinbaren eine neue Pausenordnung; Ein Spielturnier.

Mit seiner Charakterisierung als Naturraum, gestalteter Raum, Bewegungsraum und Sozialraum haben wir den Schulhof, so wie er ist, in den Blickpunkt gerückt und eine ganze Reihe darauf bezogener Themen für den Fach- oder fachübergreifenden Unterricht gewonnen. Sie können den Prozess der

Schulhofgestaltung vorbereiten und begleiten. Die im Folgenden aufgeführten Themen sind einzelnen Schulfächern zugeordnet. Es wird hier allerdings darauf verzichtet, sie einzelnen Schul- und Altersstufen zuzuordnen. Die Formen möglicher didaktischer Aufbereitung und ihre Einordnung in das Curriculum sollte flexibel bleiben, schon um die Möglichkeiten der Unterrichtsthemen voll auszuschöpfen.

Beispiele von Unterrichtsthemen:	
Politik/Gesellschaft:	Befragungen zur Verkehrsgestaltung Beteiligungs- u. Genehmigungsverfahren Konfliktlösungsstrategien, z.B. Lärmbelästigung
Mathematik:	statistische Auswertung der Befragungen Geländevermessung Berechnung der zu bewegenden Erdmassen, der Zahl der Pflastersteine
Geografie:	Bodenkunde, Bodeneigenschaften und -nutzungsmöglichkeiten, Erstellung und Verwendung von Plänen, Veränderung der Sonneneinstrahlung im Laufe des Jahres ...
Arbeitslehre:	Modelle zur Nutzungsanalyse/für Architektenpläne Anfertigen von Sitzgelegenheiten, Spielfiguren Erdarbeiten und Geländegestaltung
Kunst:	Skulpturengarten Graffitiwand Verschönerung von Asphalt oder Papierkörben
Biologie/Umwelterziehung:	Gestaltung und Pflege des Schulgartens Kompostierung, Essen aus dem Schulgarten, Bepflanzung des Geländes Gestaltung eines Baumerlebnispfades
Sport:	Gestaltung und Nutzung von Spielflächen Fragen der Bewegungs- und Gesundheitserziehung

4.2.2 Schulhofgestaltung als Projekt

Nicht immer lassen sich die Themen zur Schulhofgestaltung den einzelnen Unterrichtsfächern direkt zuordnen. In ihrer Vielschichtigkeit und Praxisnähe eignet sie sich besonders für *Projektorientierten Unterricht* und *Projektunterricht*, deren Methoden inzwischen fester Bestandteil der Rahmenrichtlinien und des Schulalltages sind. Diese Methoden im Einzelnen vorzustellen ist nicht Anliegen dieses Leitfadens, doch im Folgenden sollen einige Aspekte hervorgehoben werden, die organisatorisch und inhaltlich in den Prozess der Schulhofgestaltung eingebunden werden können:

- Zunächst sollte die Arbeitsgruppe Schulhofgestaltung eine allen zugänglich zu machende Ideenskizze bereitstellen, in der beabsichtigte Gestaltungselemente und entsprechende Unterrichts- und Projektthemen skizziert sind.
- Die endgültigen Themen sollten zwischen Lehrern und Schülern ausgehandelt werden. Sie sollten gesammelt und auf dem Infobrett allen zugänglich gemacht werden. Damit könnten auch die nötigen Beziehungen zwischen den Projektgruppen ermöglicht werden.
- Eine Projektwoche, die dem Umbau, der Belebung und nachhaltigen Erhaltung des Schulhofes zugute kommen soll, bedarf der gemeinsamen Vorbereitung, von der Abstimmung der Themen bis hin zur Auswertung.
- Wichtig ist vor allem, dass die Ergebnisse der einzelnen Projektvorhaben dokumentiert und der Schulöffentlichkeit und, in einem weiteren Schritt, der kommunalen Öffentlichkeit verfügbar gemacht werden. Nur so können sie den Prozess der Schulhofgestaltung unmittelbar unterstützen bzw. vorantreiben.
- Die Liste von Themen ist prinzipiell offen. Hilfreich ist jedoch eine Strukturierung der Themen, die im folgenden Beispiel nach Aktivitäten vorgenommen wurde:

Beleben, Nutzen, Regeln

1. Spiele ausprobieren, die man auf dem neuen Schulhof spielen kann
2. Wir richten den Schulhof für ein Spielfest her
3. Spielturniere für Mädchen und Jungen organisieren
4. „Offene Pause" – ein Projekt für die ganze Schule
5. Eine Pausenordnung von Schülern für Schüler
6. Die Großen und die Kleinen – Auf dem Schulhof zusammen sein
7. Positive u. negative Erfahrungen auf unserem neuen Schulgelände

Bauen

8. Unsere Spielbaustelle – Spielobjekte im Werkunterricht herstellen
9. Wir gestalten eine Freiluftklasse
10. Unsere „Klassenterrasse"
11. Wir verschönern die Beete vor unserer Klasse
12. Anlegen eines Teiches, einer Kräuterspirale
13. Ausstatten eines Werkraums im Freien
14. Die Stein-Bau-Stelle (Kinder bearbeiten Sandsteinblöcke)
15. Dach- und Wandbegrünung
16. Einen Bolzplatz bauen
17. Gelegenheiten zum Klettern und Schaukeln bauen
18. Wir bauen einen Geschicklichkeits-Parcours
19. Der Sandspielplatz wird umgestaltet
20. Wir gestalten mit Weiden/Lehm
21. Neue Hecken und Gebüsch anlegen
22. Mediterrane Pflanzen auf unserem Schulhof?
23. Der Zauber der Mistel, Misteln in den Bäumen ansiedeln
24. Kartoffelvielfalt erhalten – Verschieden Kartoffelsorten auf dem Schulgelände ziehen und essen
25. Baumpfad gestalten
26. Sitzgelegenheiten bauen
27. Solardusche
28. Neue Spielmaterialien bauen
29. Der „Spiele-Container" und die Regelung der Ausleihe

Pflegen

30. Abfall auf unserem Schulhof – Vermeidung und Verwertung
31. Wie können wir die Sonnenenergie für uns nutzen?
32. Komposthaufen
33. Unseren Schulgarten durch die Jahreszeiten bringen – ein Plan
34. Wir vergeben Patenschaften f. d. Pflege bestimmter Raumbereiche
35. Die Schülerhandwerker
36. Tierhaltung, z.B. Bienen

Schulhofgestaltung als Lerngelegenheit

37. Was bietet unser Schulhof? Wo können wir im Stadtteil spielen?
38. Was wir bei unserem Schulhofprojekt über unsere Schule als Organisation lernen
39. Wer ist im Stadtteil für die Wünsche der Schüler da?
40. Schulhofgestaltung als Schulpolitik verstehen
41. Methoden der Beteiligung an der Planung (s.o. Kapitel. 3.6)

4.3 Größere räumliche Umgestaltungsmaßnahmen

Viele der im Plan der Schulhofgestaltung enthaltenen Vorhaben haben ein Ausmaß, das mit eigenen Mitteln und den vorhandenen Ressourcen der Schule nicht zu bewältigen sind. Das gilt sowohl für die finanziellen Mittel, die notwendige Sachkenntnis wie auch für den Zeitaufwand. Trotzdem kann auch bei größeren Baumaßnahmen die Mithilfe von Schülern, Lehrern und Eltern hilfreich und lehrreich sein. Wie dabei vorzugehen ist, soll im folgenden Abschnitt exemplarisch veranschaulicht werden.

4.3.1 Räumliche Umgestaltung mit Eigenleistung

Sie haben sich entschlossen, ein „Grünes Klassenzimmer" zu bauen oder möchten eine kleine Hügellandschaft anlegen. Je größer eine Umgestaltungsmaßnahme wird, desto eher wird man sich entscheiden, Kräfte zu bündeln und über einen längeren Zeitraum mit vielen Menschen bei der Sache zu bleiben.

Projektwochen oder eigens organisierte Aktionstage eignen sich dazu gut. Insbesondere an Grundschulen gelingt es aber auch, Bauaktionen an Samstagen mit der tatkräftigen Unterstützung von Eltern zu organisieren. Hierbei ist eine gute Vorbereitung die halbe Miete. Suchen Sie sich Unterstützung bei Baufachleuten, die Sie in Elternschaft oder der Bauverwaltung finden können, oder beauftragen Sie externe Fachleute.

Sollten Sie sich im Rahmen ihres Realisierungskonzeptes für eine Umgestaltungsmaßnahme entscheiden, hilft Ihnen die folgende Ablaufplanung.

<table>
<tr><td colspan="2">1. Gestalterischer Entwurf/Ausführungsplanung für diesen Teilbereich</td></tr>
<tr><td colspan="2">2. Aufteilung in
Eigenleistung und Fremdleistung
ggf. Kostenschätzung</td></tr>
<tr><td>3. Erstellen einer Material-, Mengen- und Werkzeugliste für Eigenleistungen</td><td>4. Einholen von Angeboten für Fremdleistungen</td></tr>
<tr><td colspan="2">5. Einwerbung der Kosten für ggf. Fremdleistungen und Material</td></tr>
<tr><td>6. Organisation und Durchführung einer Mit-Bau-Stelle</td><td>4b. Beauftragung, Bauüberwachung, Abrechnung</td></tr>
<tr><td colspan="2">7. Einweihung</td></tr>
</table>

1. Gestalterischer Entwurf/Ausführungsplanung für diesen Teilbereich

Zunächst müssen Sie sich ein konkretes Bild von diesem Teilbereich machen und mit den Beteiligten abstimmen. Wichtig ist, dass z.B. im Rahmen des Nutzungskonzepts vorab die Funktionen klar genug abgestimmt wurden. Prüfen Sie jeden gestalterischen Plan noch einmal auf Übereinstimmung mit dem Nutzungskonzept. Oft ergeben sich im gestalterischen Eifer neue Ideen, die aber wenig funktional sind. Es sollte am besten ein Plan (Maßstab ca. 1:200 oder schon 1:100) erstellt werden, der die räumliche Gestaltung, Materialauswahl und technische Details klärt. Wie weit Sie die Gestaltung in Eigenregie durchführen wollen, hängt von dem Schwierigkeitsgrad des Teilbereichs bzw. den Kompetenzen in Lehrerkollegium und Elternschaft ab.

Wenn Sie die Planerstellung einem Landschaftsarchitekten übertragen, entwirft er die äußere Gestalt, die auf die Umgebung bezogen sein muss, wählt Materialien aus und stimmt die Gestaltung noch einmal ab, so dass Änderungswünsche noch einfließen können. Sinnvoll ist es, Raum für Kreativität im Detail einzuplanen (Pfähle zum Selbst-Beschnitzen und -Bemalen, Mosaiksteine o.Ä.).

Wenn Sie sich selbst an die Gestaltung wagen wollen, kann es helfen, mit einem maßstäblichen Modell (mindestens 1:50) zu arbeiten.

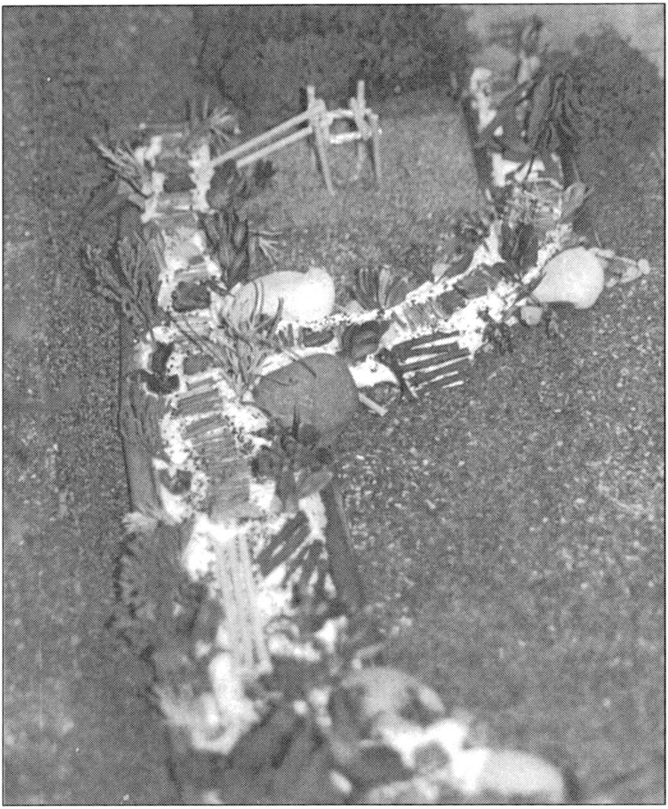

Abb. 14: Modellbau mit Eltern Foto: K. Winkler

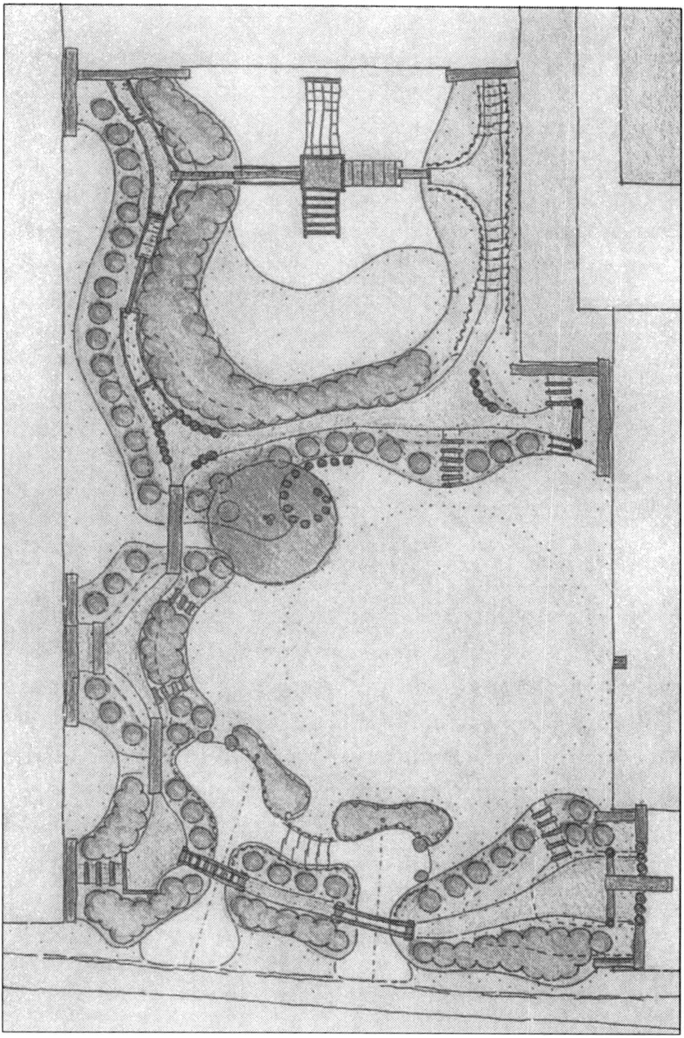

Foto: K. Winkler

Abb. 15: Auf dem Modell basierender Entwurf einer Landschaftsarchitektin

Folgende Fragen sollten Sie im Vorfeld klären:

- Welche technischen Notwendigkeiten sind zu beachten?
  Fachleute: Garten- und Landschaftsbau, Landschaftsarchitekt, sonstige Baufachleute.
  Klären Sie, welchen Unterbau Sie für bestimmte Bodenbeläge wählen müssen. Dieser ist abhängig von Ihren Bodenverhältnissen. Bauen Sie besonders stabil, denn die Dauernutzung auf einem Schulhof stellt hohe Anforderungen an Material und Konstruktionsweise. Fragen der Entwässerung können von Bedeutung sein. Die Pflanzenauswahl muss standort- und kindgerecht erfolgen.
- Sind die Bestimmungen der LUK/GUV[11] beachtet?
  Fachleute: Mitarbeiter von LUK oder GUV.
  Bei allen bekletterbaren Dingen müssen bestimmte Abstände zum nächsten Objekt eingehalten werden, ebenso wie es je nach Höhe bestimmter Fallschutzmaterialien unter dem Objekt bedarf.
- Sind Feuerwehrwege zu berücksichtigen?
  Fachleute: die Feuerwehr selbst, ggf. Hausmeister.
- Sind die Eigentümer Ihres Schulgrundstücks einbezogen worden (Gemeinde, Stadt, Bezirk, ...)?

Meist haben Sie die Planung ja bereits in Kooperation mit der Bauverwaltung oder mit Unterstützung der dort ansässigen Baufachleute durchgeführt. Hier werden Sie berechtigterweise mit Fragen bezüglich der dauerhaften Pflege des neuen Bereichs konfrontiert. Sie sollten sich also auch hierzu Gedanken gemacht haben.

2. Aufteilung in Fremd- oder Eigenleistung, ggf. Kostenschätzung

Auf der Basis der Planung müssen Sie gemeinsam entscheiden, welche Arbeiten Sie sich selbst zutrauen und wofür Sie lieber mehr Gelder einwerben wollen, weil Sie es von Fachfirmen durchführen lassen.

- Z.B. schwere Erdarbeiten sind mit maschineller Unterstützung (Minibagger/Radlader) natürlich deutlich leichter durchzuführen.
- Aber auch technisch anspruchsvollere Arbeiten (z.B. Entwässerungsarbeiten) oder Arbeiten, bei denen es um Sicherheitsaspekte/Gewährleistung geht (Aufstellen von Spielgeräten), sollten nicht von Laien durchgeführt werden.

3. Erstellen einer Material-, Mengen- und Werkzeugliste für Eigenleistungen

Für Dinge, die Sie in Eigenleistung umsetzen wollen, fallen im Prinzip nur Materialkosten und ggf. Leihgebühren für Werkzeuge an. Möglicherweise müssen Sie auch mit nicht unerheblichen Entsorgungskosten für abzufahrendes Material rechnen.

Auf Basis der Ausführungsplanung kann für alle auszubauenden und zu liefernden Schüttgüter und Materialien eine Massenliste erstellt werden. Was nicht gespendet wird, muss preislich angefragt und zusammengestellt werden.

Zur Vorbereitung einer Mit-Bau-Stelle ist es außerdem sinnvoll, Werkzeuglisten zu erstellen und für Spezialwerkzeug/Maschinen (Minibagger mit Fahrer, Tischkreissäge/Kettensäge mit Bedienung, Betonmischer, ...) gezielt Eltern anzusprechen.

4. Einholen von Angeboten für Fremdleistungen

Wenn Sie Arbeiten vergeben möchten, sollten Sie sich vergleichbare Angebote mehrerer Firmen einholen. Dazu sollte je nach Komplexität der Aufgabe entweder die Material- und Massenliste oder eine Ausschreibung auf dem Tisch liegen.

5. Einwerbung der Kosten für Fremdleistungen und Material

Plan und Materialliste dienen im Vorfeld bereits dazu, Geld- und Sachspenden einzuwerben, ggf. Sponsoren zu finden oder Förderanträge zu stellen. Auch hier ist Fantasie und Engagement gefragt. Örtliche Fachhändler oder Firmen bzw. die

Bank vor Ort unterstützen bei persönlicher Ansprache mit ansprechend gestalteten Handreichungen mit kleineren oder größeren Beträgen oder Sachspenden. Sponsoren können ihre Unterstützung ggf. mit Schildern, bei Pressemitteilungen o.Ä. sichtbar machen. Prüfen Sie, ob Sie z.B. durch den Schulverein Spendenquittungen ausstellen dürfen.

6. Organisation einer Mit-Bau-Stelle
Die „Mitmachbaustelle“ ist ein Modell für die Kooperation von außerschulischen Fachleuten mit Schülern, Lehrern und Eltern. Die Begrünung der Außenwände, der Bau eines Schulteiches, die Pflanzaktion – bei allen diesen Vorhaben ist fachlicher Rat verlangt. Mit-Bau-Stellen bedürfen einer intensiven Vorbereitung, wenn sie erfolgreich sein sollen.

- Überlegen Sie sich zunächst die durchzuführenden Arbeiten und wie viele Helfer Sie wofür brauchen können.
- Je nach Schulgröße können Sie den Kreis der Aktiven auf bestimmte Klassen begrenzen.
- Bilden Sie eine Vorbereitungsgruppe aus Lehrern und Eltern. Zur konkreten Vorbereitung der Aktionstage können Ankreuzlisten die Runde machen, auf denen die persönlichen Fähigkeiten und Interessen (Sträucher pflanzen, Holzbearbeitung, Pflastern, Suppe kochen, Kuchen backen) sowie das Bereitstellen von Werkzeug abgefragt werden (Schaufel, Spaten, Rosenschere, Werkzeug zur Holzbearbeitung etc.).

Die Arbeiten werden in Aufgabenbereiche aufgeteilt und je Bereich eine „Bauanleitung für Laien“ vorbereitet. Den Aufgabenbereichen werden Arbeitsgruppen von drei bis sechs Personen zugeordnet. Sie sollten für jede Arbeitsgruppe einen „Vorarbeiter“ bestimmen, der die Anleitungen bereits vorher erhält und in die Arbeiten eingewiesen wird und für die Gruppe verantwortlich ist. Auch für die Verpflegung muss gesorgt sein, dann wird dieser Tag bei vielen noch lange in guter Erinnerung bleiben.

Foto: K. Winkler

Abb. 16: Selbst geschälte Eichenstämme wurden als Sitz- und Balancierelemente eingebaut.

Abb. 17: Pflasterarbeiten als Mosaik Foto: K. Winkler

7. Einweihung/Deutung des Raumes
Vergessen Sie nicht, erreichte Erfolge auch gebührend zu feiern. Widmen Sie Schul- oder Klassenfeste zu Einweihungsfesten um und nehmen Sie die neuen Möglichkeiten spielerisch in Besitz. Initiieren Sie dort neue Spielideen.

4.3.2 Große räumliche Umgestaltung

Im Rahmen einer Hochbausanierung oder eines Neubaus werden an vielen Schulen auch die Außenanlagen grundlegend verändert. Dies ist schon aufgrund der beschädigten Baustelleneinrichtungsflächen notwendig. Denken Sie in diesem Fall nicht nur an das Gebäude, sondern machen Sie sich rechtzeitig Gedanken über die Außenanlagen.

Meist werden die Kosten für die Umgestaltung der Außenanlagen bereits gleichzeitig mit dem ersten Vorentwurf der Hochbauarchitekten geschätzt. In vielen Städten und Gemeinden ist es immer noch üblich, Hochbauarchitekten auch die Außenanlagen als „Nebenprodukt" des Hauses mitgestalten zu lassen. Aufgrund der besonderen Anforderungen an Schulaußengelände ist hiervon jedoch abzuraten. Mischen Sie sich frühzeitig in die Planung ein. Oft können Sie Einfluss auf die Beauftragung eines qualifizierten Landschaftsarchitekten nehmen und mit ihm gemeinsam Ihre spezifischen Raumwünsche einbringen.

Die Beteiligung der Nutzer an der Umgestaltung ist im Rahmen eines konventionellen Planungsverfahrens leider keine Selbstverständlichkeit. Bei einer Baumaßnahme ist immer der Bauherr entscheidungs- und weisungsbefugt. Bauherr ist der Eigentümer des Grundstücks, also z.B. die Stadt mit ihrem Rat, den Ausschüssen und der Bauabteilung. Aus diesem Grund ist es prinzipiell möglich und auch schon vorgekommen, dass selbst die Schulleitung nicht über den Entwurf unterrichtet wurde. Bezüglich der Nutzungen sind Schüler und Lehrer aber die Experten. Versuchen Sie möglichst frühzeitig Ihr Nutzungskonzept in den Planungsprozess einzubringen. Gestalterisches Konzept und Sanierungskonzept sind bei den Baufachleuten in guten Händen, jedoch auch hier kann es angebracht sein, rechtzeitig auf verdeckte Probleme hinzuweisen (Kanalisation, Versickerung ...).

Der Entwurf des Landschaftsarchitekten sollte also *auf der Basis Ihres Nutzungskonzeptes* entstehen und alle weiteren Schritte eng mit der Schule abgestimmt werden. Nutzen Sie Ihre Chance, mit den Kindern gemeinsam direkten Einfluss auf die gebaute Umwelt zu nehmen. Planen sie auch Mit-Bau-Stellen ein, die es den Lehrern und Kindern ermöglichen, sich in der Bauphase kreativ zu beteiligen und Spuren zu hinterlassen.

Planungsphasen für Außenanlagen

Wenn Sie zu einer Schule gehören, die mit der Ressource „Geld“ bereits ausgestattet wurde, muss die Beteiligung der Schule nicht nur an schulinterne Abläufe, sondern auch an Bauabläufe angepasst werden, was eine frühzeitige Kooperation und Kommunikation voraussetzt. Hier treffen zwei Planungssysteme zusammen, die sich zu widersprechen scheinen. Frühzeitige *Kooperation und Kommunikation* hilft, diese Widersprüche zu mildern. Wir gehen davon aus, dass es im Sinne eines guten Architekten ist, die Vorstellungen und das Wissen der Schulgemeinde in seinen Planungen zu berücksichtigen.

Will eine Schule also bei geplanten größeren Bauprojekten Einfluss nehmen, so trägt ein Verständnis über die baulichen Planungsphasen zu einer besseren Verständigung zwischen Ihnen und den planenden bzw. bauenden Fachleuten bei.

Der folgende *Einblick in Planungs- und Bauablaufphasen* soll Ihnen dabei helfen, sich auf die *Problemstellungen* vorzubereiten, die die Eigendynamik baulicher Prozesse mit sich bringen. Die sich anschließenden *Empfehlungen* können eine Hilfe sein, die von der Schule entwickelten Ideen trotzdem günstig zu platzieren.

Die Planungsphasen beschreiben wir entsprechend den in der Honorarordnung für Architekten und Ingenieure (HOAI) vorgesehenen Leistungsphasen und erläutern Ihre Beteiligungsmöglichkeiten.

1. Grundlagenermittlung – Klären der Aufgabenstellung
Problemstellung: Die Rahmenbedingungen für eine Schulhofgestaltung werden sehr frühzeitig und oft schon im politischen Raum abgestimmt. Dies gilt vor allem für den Hochbau. Ist die Außenanlagenplanung einem Hochbauprojekt zugeordnet, so wird deren Planung manchmal gegenüber der Abstimmung über das Gebäude vernachlässigt. Werden Landschaftsarchitekten beauftragt, beraten Sie den Bauherrn bei der Festlegung des Baubedarfs. Es geht hier unter anderem um folgende Fragen:

- Welcher allgemeine Sanierungsbedarf besteht?
- Wie marode sind die Asphaltflächen? Soll ein Gesamtentwurf entstehen oder nur für Teilbereiche eine Planung erstellt werden?
- Sollen die Baustelleneinrichtungsflächen nur wieder so hergerichtet werden wie vor Baubeginn oder gibt es hier Veränderungswünsche?

Dieser Rahmen ist für den weiteren Verlauf von entscheidender Bedeutung.
Empfehlungen:

- Versuchen Sie sich, z.B. über Ihren Schulleiter, in dieser frühen Phase aktiv zu beteiligen.
- Informieren Sie die planende Verwaltung über Ihr Interesse und darüber, welche Schritte Sie bereits unternommen haben und was für die Planung grundlegend sein könnte.
- Wenn Sie sich im Rahmen der Bestandserhebung möglicherweise schon mit Sanierungsfragen auseinander gesetzt haben, können Sie sogar hier auf versteckte Mängel hinweisen.

2. Vorentwurf
Problemstellung: Im Rahmen eines Vorentwurfs für die Außenanlagen werden die Grundlagen analysiert und Zielvorstellungen abgestimmt. Ein Planungskonzept wird erarbeitet. Es entsteht ein gestalterischer Vorentwurf mit Kostenschätzung. Der Landschaftsarchitekt ist vor allem beauftragt, seine Zielvorstellung mit der des Bauherrn, also des Eigentümers abzustimmen. Er sollte an dieser Stelle aber von Ihren Zielvorstellungen erfahren und diese in sein Konzept einfließen lassen.

Ist die Außenanlage „Beiwerk" des Hochbaus wird darüber oft nur am Rande gesprochen, z.B. bezüglich der Festlegung der PKW-Stellplätze.

Empfehlungen:
- Auch wenn die Umsetzung noch in weiter Ferne liegen mag (manchmal ein bis zwei Jahre), müssen Sie spätestens jetzt Kontakt mit den Planenden aufnehmen.
- Fragen Sie, bis wann der Vorentwurf erstellt sein soll.
- Melden Sie an, dass Sie an einem Nutzungskonzept für die Außenanlagen arbeiten und dieses mit dem Bauherrn und den Planern vor Erstellung des Vorentwurfs abstimmen wollen. Es kann sonst leicht passieren, dass der Planer schon zu viel Arbeit in gestalterische Ideen investiert hat, Sie aber die Aufteilung der Bereich generell anders für sinnvoller halten.
- Wenn Sie zu diesem Zeitpunkt noch kein Nutzungskonzept erarbeitet haben, kann jetzt Eile geboten sein. Sie können sich externe Hilfe zur Moderation eines Planungsworkshops holen, so dass Sie kurzfristig die wichtigsten Eckdaten Ihres Nutzungskonzeptes zusammenstellen und weitere Beteiligung sinnvoll strukturieren können. Schaffen Sie also mit Ihrem Nutzungswissen und Ihren Vorstellungen eine gute Grundlage für den Vorentwurf.
- Wenn der Planer Ihnen dann den Vorentwurf zur Abstimmung auf dem Tisch legt, müssen Sie sich damit detailliert

auseinander setzen. *Änderungen zu einem späteren Zeitpunkt noch einfließen zu lassen ist oft nicht mehr möglich!*

- Lassen Sie sich bitte nicht von schön kolorierten Plänen irritieren, sondern fragen Sie die Funktionen nach. Bei der Planvorstellung müssen Verständnisfragen von vornherein geklärt sein. Sollten Sie Probleme mit dem Lesen von Plänen haben, was Baufachleute oft nicht mehr nachvollziehen können, äußern Sie diese und gehen Sie mit dem Planer und dem Plan an Ort und Stelle. Lassen Sie sich alles genau erklären, bis Sie eine klare Vorstellung vom Pausen- und Unterrichtsgeschehen auf ihrem neuen Hof haben.
- Sie können den Vorentwurf auch in einem Workshop bepunkten, also gemeinsam mit Eltern-, Schüler- und Lehrervertretern und den Planungsfachleuten Bereiche markieren, die Ihnen an der Planung gut gefallen und solche, die Sie für verbesserungsbedürftig halten. (Die Methode ist ähnlich der bei der Nutzungsanalyse, jedoch bewerten Sie nicht den Bestand, sondern eine Planung.)

3. Entwurf

Problemstellung: Durch Einarbeitung der vielfältigen Anregungen in den Vorentwurf wird er zum abgestimmten Entwurf. Es wird eine entsprechende Kostenberechnung erarbeitet, die dann als Grundlage für das Bereitstellen von Haushaltsmitteln dient.

Empfehlungen:

- Verabreden Sie also, dass Ihnen nach Einarbeitung Ihrer Verbesserungsvorschläge der Entwurf noch einmal vorgelegt wird, und schauen Sie nach, ob die von Ihnen gewünschten Änderungen sinnvoll integriert sind.
- Abgestimmte Entwürfe sind oft nur noch mit Mühe zu ändern, da der planende Landschaftsarchitekt bereits viel Arbeitszeit auf die Gestaltung verwandt hat.
- Es gibt die Variante im Planungsablauf, dass Baukosten nur

pauschal aufgrund eines geschätzten Quadratmeteransatzes ermittelt und eingestellt werden. Dann liegt bei genehmigter Haushaltsunterlage noch kein abgestimmter Entwurf vor und Sie haben zu diesem Zeitpunkt noch Einflussmöglichkeiten.

4. Genehmigungsplanung
Für Außenanlagenplanung ist es – anders als beim Hochbau – in der Regel nicht erforderlich für behördliche Genehmigungen separate Pläne zu zeichnen. Es werden Vorbesprechungen mit der Landesunfallkasse(LUK)/Gemeindeunfallversicherung (GUV) bzw. mit Feuerwehr etc. geführt. Die Ergebnisse werden in der Regel in die Entwurfs- oder Ausführungszeichnungen mit aufgenommen. Deshalb ist diese Phase bei der Außengeländeplanung meist von untergeordneter Bedeutung.

5. Ausführungsplanung
Problemstellung: Die Ausführungspläne sind technische Pläne mit Details, die alle für die Baufirmen notwendigen Informationen über Materialien, Unterkonstruktionen, Maße und Höhen enthalten. Auch Pflanzpläne gehören zur Ausführungsplanung. Mit ihr wird begonnen, wenn die Baumittel genehmigt sind, der Baubeginn für die Außenanlagen also absehbar ist und alle inhaltlichen wie genehmigungstechnischen Rahmenbedingungen geklärt sind. Zu diesem Zeitpunkt ist eine prinzipielle Einflussnahme auf die Planung quasi nicht mehr möglich.
Empfehlungen:

- Planen Sie jetzt Ihre *Mit-Bau-Stelle* ein. Überlegen Sie gemeinsam mit dem Planer, was sich zum Mithelfen eignet. Dass eine Firma alle Arbeiten schneller und besser erledigen kann als Schüler, steht außer Frage. Argumente, warum Kinder trotzdem am konkreten Bauen beteiligt werden sollten finden Sie im Kap. 2 „Klärungsphase". Oft ist hier

den Planern gegenüber viel Überzeugungsarbeit notwendig, da solche Mit-Bau-Stellen die ohnehin meist eng gesteckte Bauablaufplanung weiter verkomplizieren.
- Die Organisation der Mit-Bau-Stelle ist eingebunden in eine normale Baustelle für Sie einfacher als die einer getrennten Mit-Bau-Stelle, da Sie Materiallieferungen und das zur Verfügungstellen von Werkzeug über die Baufirma abwickeln können, wenn die Zusammenarbeit mit dem Planer und Bauüberwacher gut funktioniert.

6. Vorbereitung der Vergabe
Problemstellung: Um die Vergabe an Firmen vorzubereiten, werden aus der Ausführungsplanung jetzt die Materialmassen ermittelt. Es werden Leistungsverzeichnisse (LV) für die notwendigen Gewerke erstellt (Garten- und Landschaftsbauarbeiten, Zaunbauarbeiten, Spielgeräte, ...), in denen alle Leistungen eindeutig beschrieben sind, so dass von unterschiedlichen Firmen vergleichbare Angebote eingeholt werden können.
Empfehlungen:
- Wenn die Kooperation mit dem Planer gut funktioniert, können in das Leistungsverzeichnis Positionen für den Bereich der Mit-Bau-Stelle aufgenommen werden. Das sind z.B. Positionen für Materiallieferungen, ggf. Maschinenstunden und Werkzeugausleihe der Firma.
- Außerdem können bei Bedarf auch Stunden für die Vorbereitung und Mithilfe bei einer Mit-Bau-Stelle ausgeschrieben werden.

7. Vergabe
Problemstellung: Jetzt muss der günstigste Bieter ermittelt werden. Es werden die Ausschreibungsunterlagen mit den rechtlichen Vorbemerkungen, den Vertragsbedingungen und den Leistungsverzeichnissen zusammengestellt und die Firmen zur Abgabe eines Angebots aufgefordert. Nach Rücklauf der Angebote werden diese ausgewertet, ein Kostenvoranschlag erstellt

und die Aufträge vom Bauherrn erteilt. Das kann aufgrund der rechtlichen Fristen für vorherige Bekanntgabe der Ausschreibung, Rücklauffristen etc. insbesondere bei öffentlichen Ausschreibungen ca. zwei Monate in Anspruch nehmen.

Empfehlung:

- In dieser Phase steht die „Planung" für Sie scheinbar still, obwohl im Hintergrund vieles abzuwickeln ist, weshalb Sie in Ruhe warten können.

8. Die Bauphase/Objektüberwachung

Problemstellung: Jetzt erst ist Baubeginn. Der Planer hat jetzt die Aufgabe, die Umsetzung der Planung genau zu überwachen. Die Baustelle mit ihren Zufahrten und Lagerflächen wird eingerichtet.

Empfehlung:

- Falls Sie im Bestand umbauen, müssen Sie auch die Baustelleneinrichtungsflächen für Hochbau und Außenanlagen gut mit den Bauüberwachern abstimmen, so dass in der Bauphase – die sich hinziehen kann – die Außengeländenutzung nicht mehr als notwendig eingeschränkt wird.

Problemstellung: Für die Außenanlagen kontrolliert und protokolliert der Landschaftsarchitekt die ordnungsgemäße Ausführung, führt regelmäßige Baubesprechungen durch und stimmt bei Unvorhergesehenem die Änderungen mit Firma und Bauherr ab. Er prüft die Rechnungen und wirkt bei der Abnahme mit.

Empfehlung:

- Überlegen Sie, wer an den Baubesprechungen teilnehmen sollte. Auch wenn es vordergründig oft um technische Details geht, ergeben sich in der Bauphase doch immer wieder Änderungen, die sich deutlich auf ihre Nutzungsmöglichkeiten auswirken (Stufen an Eingängen, ggf. sogar Änderungen in der Art und Lage von Spielgeräten o.Ä.).
- Lassen Sie sich über Protokolle auf dem aktuellen Stand

halten. Wichtige Entscheidungen müssen im Bauablauf bei unvorhergesehenen Komplikationen (z.B. große Fundamente im Untergrund) oft unmittelbar gefällt werden.

- Werden aus Ihrer Sicht in der Bauphase noch Änderungen notwendig, sprechen Sie diese so früh wie möglich an. Bauverzögerungen aufgrund von nachträglichen Abstimmungen können nicht in Kauf genommen werden. Jeder Tag auf der Baustelle kostet viel Geld. Auch Änderungen beim Material können, wenn es zu Abweichungen vom Leistungsverzeichnis kommt, eine deutliche Erhöhung der Kosten mit sich bringen.
- In dieser Phase finden auch Ihre Mit-Bau-Stellen statt, die in den Schulalltag integriert werden können. Schüler können klassenweise oder nach Interesse mitarbeiten (zur Organisation siehe Kap. 4.3.1).
- Interessant für Schüler sind auch Baubegehungen zusammen mit Hochbau- oder Landschaftsarchitekten, die Sie in Absprache mit den Bauüberwachern relativ leicht organisieren können.

9. Arbeiten nach Fertigstellung (Objektbereuung, Nutzung, Pflege)
Problemstellung: Für den Planer geht es, wenn das Objekt fertig gestellt, abgenommen und abgerechnet ist, noch um die Überwachung der Mängelbeseitigung in der Gewährleistungsfrist und die systematische Zusammenstellung der zeichnerischen Darstellung und rechnerischen Ergebnisse. Spätestens dann verabschiedet er sich. Wenn Sie die Gestaltung bis zum Ende begleitet haben, besteht natürlich erstmal guter Grund zum Feiern. Doch dann geht es für Sie darum, ob sich das Objekt in Nutzung und Pflege bewährt.
Empfehlungen:

- Nutzungsregeln und Spielaktionen können die Nutzung positiv beeinflussen.
- Für Bereiche, die von Kindern mitgestaltet wurden, bietet

sich die Einrichtung einer Patenschaft an (z.B. Pflanzen gießen, Sauberhalten etc.).

- Auch bei bester Planung werden Sie merken, dass in der Nutzung gleich wieder neue Ideen und Verbesserungsvorschläge die Runde machen. Es ist gut, wenn ein wenig Geld für kleinere Ergänzungen zurückgehalten wird.
- Spätestens jetzt werden Sie sich jedoch – trotz langer Bauphase und ewig schmutzigen Fluren darüber klar werden müssen, dass ein Außengelände nie fertig wird. Auch für künftige Schülergenerationen wird Raum zur Mitgestaltung ihres Außengeländes bleiben.

5. Evaluation

5.1 Was haben wir geschaffen? – Vergewisserung

Für Projekte zur Schulentwicklung eignet sich die sog. Projektbegleitende Evaluation. D. h. während des Projektverlaufs werden zunächst Materialien gesammelt, die den Verlauf hinreichend genau dokumentieren. Solche Materialien entstehen zwangsläufig. Es sind: Konferenzbeschlüsse, Protokolle der Arbeitsgruppen, Kontakte mit Behörden, Ergebnisse aus den Beteiligungstreffen mit Schülern, Eltern, Aufrufe an der Infotafel, Foto- und/oder Videodokumentationen, Ergebnisse von Gruppengesprächen ... Die chronologische Ordnung dieses Materials gibt bereits einen guten Überblick. Von Evaluation können wir aber erst sprechen, wenn diese Materialien ergänzt und ausgewertet werden.

5.2 Haben wir erreicht, was wir uns vorgenommen haben? – Prüfung

Grundlage der weiteren Auswertung kann der Arbeits- und Zeitplan (siehe 2.2.4) sein. Er lässt zumindest die Beantwortung folgender Fragen zu:

- Was hatten wir vor? – Was haben wir erreicht?
- Konnten wir den Zeitplan einhalten? – Wo sind Verzögerungen aufgetreten?
- Hat sich die Aufgabenverteilung bewährt? – Wo müssen wir neu organisieren?
- Haben wir uns zu viel vorgenommen? – Was ist vorrangig?

Eine projektbegleitende Evaluation hat nur Sinn, wenn ihre Ergebnisse in den weiteren Gang der Arbeit zurückfließen und gegebenenfalls zu Planungsänderungen führen. Dies ist Aufgabe der Moderation. Hierzu können auch die in den Leitfaden eingefügten Checklisten dienen. Sie verweisen auf die Zwischenziele, die zu erreichen man sich vorgenommen hatte.

5.3 Wieweit haben sich unsere Erwartungen erfüllt? – Bewertung

Wirklich bedeutsam sind die pädagogischen Bewertungen des Projektverlaufs. Erinnert sei an jene Erwartungen, die in Kap. 2 unter dem Stichworten Schulhofgestaltung als Chance, als Bildungsauftrag und Lerngelegenheit formuliert worden waren. Gewiss, dies ist schwer empirisch nachweisbar. Entscheidend sind aber schon die persönlichen Eindrücke.

Wir haben aus Schulen durchaus positive Rückmeldungen, die auf eine Verbesserung der Beziehung zu der Elternschaft hingewiesen, auf eine insgesamt offenere soziale Beziehung zwischen Lehrerschaft und Schülerschaft verwiesen haben, die aus den vielen nicht unterrichtlichen Kontakten herrührten. Solche positiven Erfahrungen sollten ins Bewusstsein gehoben werden. Auswertungsgespräche mit und zwischen allen Beteiligten sind dazu geeignet. Oft erwachsen daraus neue Vorhaben zur Schulentwicklung, für deren Bearbeitung sich die gewonnenen Partnerschaften und Erfahrungen nutzen lassen.

Eine zentrale Forderung für solche Schulentwicklungsvorhaben ist die nach *Beteiligung* aller Gruppen der Schulgemeinde sowie die Forderung nach *Transparenz* des Prozesses. Als grundlegend wichtig wurde die durchgängige Beteiligung der Schülerschaft hervorgehoben (Kap. 2.2.3). In den Projektphasen haben wir auf die Möglichkeiten und Chancen der Beteiligung verwiesen und haben (in Kap. 3.6) die jeweils geeigneten Methoden und Verfahren beschrieben. Notwendige Fragen können sein:

- In welchen Arbeitsschritten wurde die Schülerschaft beteiligt?
- Wo war das nicht möglich? – Haben wir alle Möglichkeiten ausgeschöpft?

- Wie ist die Mitarbeit der Schülerschaft zu bewerten?
- Wie schätzen die Schüler selbst den Umfang und die Art ihrer Beteiligung ein?

Ähnliche Fragen können auch den anderen Gruppen der Schulgemeinde (einschließlich Elternschaft) gestellt werden.

Und schließlich: Wie wäre es mit einem *Schulfest zur Einweihung* des gestalteten Schulhofes oder erfolgreich abgeschlossener Teilprojekte, zu der auch die außerschulische Öffentlichkeit, z.B. die lokale Presse und die hilfreichen Partner, eingeladen werden. Die Leistungen einzelner Partner und die Zusammenarbeit aller können bei dieser Gelegenheit gewürdigt werden. Hier können dann auch die Schülerinnen und Schüler zeigen, wie sie die neuen Gelegenheiten nutzen, im Unterricht und in der Pause.

Evaluation kann sich auf ganz konkrete, sichtbare materielle Veränderung beziehen, wie Begrünung, Einrichtung von Ruheraum oder von Bewegungs- und Spielräumen. Sie kann aber auch herausfinden, ob und wie sich die Atmosphäre des Schullebens durch dieses Projekt verändert hat. Noch weitergehender wäre eine Auswertung, die auf die Frage zielt:

- Inwieweit sind wir in der Lage, unsere Schule aus eigener Kraft und mit den uns verfügbaren Ressourcen ein Stück voranzubringen.

Im Anhang sind einige Berichte abgedruckt, die den Verlauf, die Probleme, Widerstände, aber vor allem auch die Erfolge von Projekten zur Schulhofgestaltung darstellen. Sie sind nicht nur für die Schulchronik gemacht. Sie sind Ausdruck der Ressourcen einer Schule ihre eigene Entwicklung zu aktivieren. Berichte dieser Art sollten durch die Art ihrer Gestaltung vorzeigbar sein, nicht nur, um nach außen zu zeigen, was man geschaffen hat, sondern auch um nach innen den Stolz auf die eigene Schule zum Ausdruck zu bringen.

6. Anhang

6.1 Kleine Plankunde

Liegenschaftskarte
Für jede Schule liegt mindestens eine Liegenschaftskarte meist im Maßstab 1:1000 (1 cm im Plan = 10 m in Realität) vor. Auf ihr sind in der Regel alle Gebäude und die Grundstücksgrenzen eingetragen. Manchmal finden sich dort auch Baumstandorte, einzelne Mauern oder Rampen. Wenn sie der Schulverwaltung nicht bereits vorliegt, kann sie im Katasteramt erworben werden.

Alte Baupläne
Oft sind aus der Bauphase der Schule oder von einer Umbau- oder Sanierungsmaßnahme Pläne erhalten, die nicht nur das Gebäude darstellen. Das kann der Lageplan eines Hochbauarchitekten sein, der Entwurf eines Landschaftsarchitekten oder das Abrechnungsaufmaß einer ausführenden Firma. Leider sind diese Pläne meist nicht mehr 100%ig aktuell. Aus ihnen sind in der Regel deutlich mehr Informationen zu entnehmen, als aus der Liegenschaftskarte. Neben Mauern und Treppen ist Ausdehnung und oft auch die Art der Bodenbeläge zu erkennen, ggf. Baum- und Strauchstandorte, Ausstattungsgegenstände und möglicherweise auch der Verlauf der Sielleitungen sowie die Lage von Schächten und Abläufen. Diese Pläne liegen in der Regel in den Maßstäben 1:500, 1:250, 1:200 oder sogar 1:100 vor.

Aktuelle Aufmaße
Wenn ein Schulgelände von Seiten der Schulverwaltung umgestaltet wird, vermisst – je nach Aktualität alter Baupläne – möglicherweise ein Vermesser im Auftrag der Verwaltung das Schulgelände neu und erstellt einen aktuellen Bestandsplan,

in dem nach Absprache mit dem Auftraggeber auch Kantensteine, Baumarten, Stammdurchmesser und Geländehöhen enthalten sind.

Sonstige Pläne
Die Aufstellflächen und Rettungswege für die Feuerwehr können Sie ggf. Ihren Rettungsplänen oder einem Plan eines Architekten (Hochbau oder Landschaft) entnehmen. Ansonsten hilft ein Ortstermin mit der zuständigen Feuerwehr, dessen Ergebnisse in einem Plan protokolliert werden.

Oft muss bei Baumaßnahmen die Lage der unterirdischen Leitungen berücksichtigt werden. Die Oberflächenentwässerung kann ggf. aus einem alten Aufmaßplan entnommen werden. Meist weiß der Hausmeister hier am besten Bescheid.

Auch die Stromversorger, die Telekom sowie sonstige Versorgungsträger halten ihre jeweiligen Leitungspläne vor, die meist aber erst dann relevant werden, wenn eine Baumaßnahme mit schwerem Gerät beginnt und vom entsprechenden Träger angefordert werden kann.

Weitere Tipps
Jede Karte/jeder professionell erstellte Plan ist mit einer Maßstabsangabe versehen. Beim Arbeiten mit dieser Karte sollten Verkleinerungen oder Vergrößerungen, wenn überhaupt, dann möglichst maßstäblich vorgenommen werden (nicht in DIN-Schritten verzerren – A3 auf A4 o.Ä. –, sondern auf 50 % verkleinern bzw. 200 % vergrößern und neuen Maßstab notieren).

Manche Pläne sind aufgrund ihrer großen Formate (oft größer als A3) entweder nur im Ausschnitt mit dem Schulkopierer oder komplett bei einem Plotservice/Kopiergeschäft oder bei Ihrer planenden Verwaltung vervielfältigbar. Notieren Sie sich – falls Sie Ausschnittskopien machen – den Maßstab.

6.2 Planungsprobleme, Lösungsansätze, Praxistipps

Bereits im Kap. 3.5.1 haben wir verdeutlicht, wie entsprechend der allgemeinen Nutzungsbedürfnisse (wie Schulhof als Bewegungsraum) Raumgestaltungen vorgenommen werden können. Wir haben das am Beispiel „Fußballspielen" dargelegt. Nun sollen an dieser Stelle für weitere Nutzungswünsche („Bewegungsraum") und dann für die Gestaltung von „Ruhe- und Regenerationsraum" praktische Gestaltungsvorschläge angeboten werden. Wir gehen dabei jeweils von möglichen *Problemlagen* aus, formulieren *Lösungsansätze* und geben *Praxistipps* für die Realisierung.

A. Der Schulhof als Bewegungsraum

Regel- oder Ballspiele
Typische Problemlagen und Lösungsmöglichkeiten:

- Andere Feldspiele oder raumgreifende Spiele finden selten statt, da alle „Felder" durch Fußballspielen besetzt sind. Das Recht des Stärkeren regiert.
  - Kombinieren Sie neue Regeln mit Spielanimationen auf dem Schulhof, so dass sich neue „Schulhoftraditionen" einspielen können (Völkerball, Hüpfspiele, Seilspiele, Ball über die Schnur, ...).
  - Erforschen Sie, welche Wünsche unterschwellig vorhanden sind und widmen Sie Spielbereiche ggf. temporär um (Mädchentag, Inliner-Tag ...).
- Basketballkörbe werden nicht benutzt
  - die Körbe sind zu hoch angebracht,
  - die Körbe sind nicht stabil genug (leider gibt es nur wenige schulhoftaugliche Modelle),
  - der Untergrund ist nicht geeignet (die Kinder wissen, was sie für Untergründe brauchen!).

Mobile Geräte für befestigte Flächen existieren entweder nicht oder werden nicht repariert.

- Funktionierende Konzepte:
  - Klassenkisten
  - „Aktive Pause“
  - Patenschaften

Balancieren, Klettern, Springen
Zur Förderung der Motorik wird oft vorschnell zum Spielgerät gegriffen. Lassen Sie sich hier nicht zu früh von optischen Gesichtspunkten und schönen Katalogen verführen, sondern fangen Sie mit der Frage nach der fehlenden Nutzungsmöglichkeit an. Viele Bewegungsmöglichkeiten lassen sich auch ohne teure Spielgeräte auf dem Schulhof realisieren (s.u. „Lösungsmöglichkeiten“). Wenn Sie feste Spielgeräte auswählen, sollten sie in einen Gesamtzusammenhang integriert sein.

Häufiges Problem: Es wurde ein Spielgerätesolitär ohne Gesamtkonzept mitten auf dem Schulhof aufgebaut. Der Kampf um das Spielgerät ist interessanter als das Gerät selbst.

Lösungsmöglichkeiten: Entwickeln Sie eine „Spiellandschaft“ auf ihrem Schulhof, in die die Spielgeräte eingebunden sind. So werden diese Geräte nicht auf ihren Bewegungsgehalt reduziert, sondern können in einen gesamten Spielablauf eingebunden werden.

Beispiel: Eine Rutsche führt von einem Hügel, der auch neben der Rutsche und von anderen Seiten erklettert werden kann, hinunter in ein „Tal“. Die Brücke verbindet zwei hohe Punkte miteinander. Der Reiz, Höhenunterschiede auf vielfältige Weise zu überwinden, kann nicht nur von vorgefertigten Spielgeräten ausgelöst werden. Findlingstreppen, „Sprungbretter“ in die Sprunggrube, schräge Ebenen, Leitern, Baumstämme u.Ä. können stabil und sinnvoll mit einer Hügellandschaft kombiniert die unter Kosten-Nutzen-Aspekten vorzuziehende Variante sein. Lassen Sie sich bezüglich Gesamtstruktur, Material- und Pflanzenauswahl, sowie Befestigung von Trampelpfaden und Böschungen gut beraten.

Tipp: Erkundigen Sie sich gründlich nach den bei einer Spielgerätefirma zugrunde gelegten Stabilitätsstandards. Viele Geräte sind für intensive Schulhofnutzungen nicht ausreichend geeignet.

Schaukeln
Problem: Selten gibt es ausreichend viele Schaukeln auf einem Schulhof. Hier gilt es Kompromisse zu finden. Einzelschaukeln sind zwar die scheinbar günstigere Lösung, aber auch hier ist der Streit um das Gerät vorprogrammiert. Besser geeignet sind Schaukeln, die von mehreren Kindern gleichzeitig benutzt werden können, z.B. die runde Nestschaukel oder die noch größere Netzschaukel.

Tipp: Beachten Sie bei den Kosten für Spielgeräte immer auch die Herstellung des notwendigen Fallschutzbereichs.

Klettern
Problem: Auch Klettermöglichkeiten sind auf dem Schulhof oft nicht ausreichend vorhanden oder nicht legalisiert/zu gefährlich. Die Kinder wollen aber „hoch hinaus" oder ihre Geschicklichkeit beim Klettern erproben.

Tipps: Das natürlichste Klettergerät ist der Baum. An vielen Kindergärten und Schulen ist es möglich in Übereinkunft mit der Landesunfallkasse (LUK)/dem Gemeindeunfallversicherungsverband (GUV) Bäume zum Klettern freizugeben. Manchmal bedarf es dazu einiger Handgriffe: Morsche Äste müssen abgesägt werden, gefährliche Aufprallstellen unter dem Baum beseitigt werden und ggf. Rindenmulch aufgetragen werden. Möglicherweise wird vereinbart, wie hoch geklettert werden darf, oder es wird nur unter Aufsicht geklettert.

Auch Fassaden mit Mauervorsprüngen können mit Fallschutzsand versehen und zum Klettern freigegeben werden.

Wenn Sie in der Schule über eine lange fensterlose Wand verfügen, können Sie dort eine „Boulderwand“ herstellen. Lassen Sie sich von Fachleuten über Tragfähigkeit der Wand, Griffanordnung und -montage informieren.

B. Der Schulhof als Ruhe- und Regenerationsraum

Ab der 7. Klasse treten bei den Kindern die Wünsche nach Bewegung auf dem Schulhof immer mehr in den Hintergrund und die Bedürfnisse nach Kommunikation und „Abhängen“ (Klönen, Quatschen) treten in den Vordergrund. Bei ihnen werden die Wünsche nach Sitzmöglichkeiten immer lauter.

Problemlage: Kinder und Jugendliche sitzen anders als Erwachsene. Der Wunsch nach Sitzmöglichkeiten muss also nicht der Wunsch nach einer „Bank“ sein.

Kinder sitzen bewegter, sitzen überall und sitzen so, wie es ihnen passt, hängen gerne ab.

- Sie sitzen alleine und beobachten das Schulhofgeschehen, möglichst von einer versteckten, aber übersichtlichen Stelle aus,
- sie sitzen zu mehreren auf Stufen in der Sonne, erzählen, warten aufeinander,
- sie sitzen an Picknicktischen, essen ihr Pausenbrot oder erledigen noch Hausaufgaben,
- sie sitzen in Gruppen als Zuschauer z.B. am Rand von Fußballfeldern,
- zu Unterrichtszwecken oder bei Veranstaltungen sitzt eine größere Gruppe im Kreis oder Halbkreis um eine „Bühne“ geschart.

Lösungsansätze und Praxistipps: Aus diesen unterschiedlichen „Sitzformen“ ergeben sich unterschiedliche Ansprüche an das Außengelände.

- Gibt es auf Ihrem Schulhof „Rückzugsnischen“, in denen man wieder zu sich selbst kommen kann, Abstand vom Geschehen gewinnen kann, ohne gleich komplett außen vor zu sein?

Dazu bieten sich naturnähere *Bereiche mit Sträuchern* am Rand an oder auch Bereiche hinter Gebäuden. Als Aufsicht müssen Sie nicht alles im Blick haben. Die Kinder müssen nur wissen, wo Sie sind, und Sie selbst sollten über das Geschehen in den einzelnen Nischen prinzipiell Bescheid wissen. Gönnen Sie den Kindern ihre Rückzugsräume. Regeln Sie Konflikte, die es in solchen Zonen gibt, über Absprachen.

- Gibt es auf Ihrem Schulhof genügend informelle Sitzmöglichkeiten, Treffpunkte und Orte, an denen man sich gerne niederlässt?
  Auf jedem Schulhof gibt es Bereiche, die von Kindergruppen z.B. bei schönem Wetter bevölkert werden. Kinder sitzen hier oft auf Sitzgelegenheiten, die gar nicht dafür gedacht waren. Sie sitzen auf Stufen, auf Mäuerchen, auf Zäunen, auf Pflanzkübeln, auf Pollern, ... Die Reihe ließe sich beliebig fortsetzen. Planen Sie solche *„informellen" Sitzmöglichkeiten* bei der Schulhofgestaltung mit ein. Alles was „besitzbar" ist, sollte auch so stabil sein, dass es das aushält. Statten Sie beliebte Treffpunkte in Absprache mit den Schülerinnen und Schülern mit einfachen Elementen aus. Das können in sonnigen Bereichen auch Steine sein, ansonsten einfach konstruierte „Holzkisten", Sitzbalken, „Abhäng- und Lümmelbänke", ... Mittlerweile sind auch viele Spielgerätehersteller auf diese „Marktlücke" eingestiegen und bieten unterschiedliche Modelle solcher Sitz- und Abhänggeräte an. Natürlich können diese Elemente auch selbst angefertigt werden. Das bringt Spaß und die individuelle Note.
  Tipp: Nehmen Sie unter dem Gesichtspunkt des „Treffpunkts" einmal bewusst die verschiedenen Eingangsbereiche der Gebäude in den Blick. Oft ballen sich hier die Schüler vor dem Pausenzeichen dicht vor der Türe, da es

keine seitlich angeordneten Sitzmöglichkeiten gibt, die als „Treffpunkt" das Geschehen entzerren könnten.
Halten Sie außerdem Ausschau nach Orten, die sich aufgrund ihrer geschützten Lage als Sitzbereich anbieten und ergänzen Sie hier die Ausstattung.

- Gibt es auf Ihrem Schulhof die Möglichkeit, in kleineren Gruppen einander zugewandt zu sitzen?
  Eine einfache Lösung stellt hier die Ausstattung mit *mobilen „Picknicktischen"* dar, die übrigens auch selbst gebaut werden können. Gestalterisch können Sie sich gerne mehr „Spielraum" gönnen. Orientieren Sie sich bei der Dimensionierung der Sitzgruppen jedoch an der Vorstellung von einem gemütlichen Café, nicht an einer Arena. Allzu leicht ist man – insbesondere im Außenraum – geneigt, runde Sitzbereiche überdimensioniert zu bauen, so dass wiederum keine Kommunikation in Gang kommt.
  Vielleicht besteht ja an Ihrer Schule die Möglichkeit, an der Cafeteria oder am Schulkiosk die Außenbereiche mit Sitzmöglichkeiten auszustatten, so dass hier Mahlzeiten eingenommen werden können.
- Gibt es auf Ihrem Schulhof „am Rande des Geschehens" Orte, von denen aus man „gefahrlos" zuschauen kann?
  Wo auf ihrem Schulhof „Action" ist, besteht auch das Bedürfnis, am Rande zu stehen und ohne direkt involviert zu werden einfach nur zuzuschauen. Dies gilt vor allem für die Fußballbereiche, aber auch für die größeren befestigten Flächen. *„Schonräume" und Seitenbereiche* sollten am Rande deutlich sichtbar getrennt sein und ruhigeren Charakter haben, als die große „Schulhofbühne". Die Trennung kann manchmal schon durch unterschiedliche Bodenbeläge bewirkt werden, wird verstärkt z.B. durch die Anordnung einer Baumreihe in Randbereich, bei Spielfeldern möglicherweise sogar durch eine Bande. Zwischen den Bäumen

ist ein guter Ort für Picknicktische, es können „Bankhocker“ wie eine „Zuschauertribüne“ angeordnet werden oder Sitzbalken auf Geländerhöhe mit einem niedrigeren Balken für die Füße gebaut werden, auf die man sich cool wie auf einen Barhocker heraufschwingt.

- Gibt es auf Ihrem Schulhof Sitzgruppen für Unterricht im Freien?

  Auch größere Sitzrunden haben auf einem Schulhof z.B. zu Unterrichtszwecken durchaus eine Berechtigung. Denken Sie daran, dass solch ein *„grünes Klassenzimmer“* so liegen muss, dass beim Unterrichten keine Klassen- oder Fachräume gestört werden. Suchen Sie sich eine windgeschützte und möglichst geräuscharme Umgebung aus. Angenehm ist es, wenn die Sichtbeziehungen nicht unendlich sind und der Rücken geschützt ist (kleiner Wall, Baum, Strauchgruppe). Denken Sie bei der Ausrichtung an den Sonnenstand am Vormittag (Blendwirkung). Bezüglich der Gestaltung sollte sich der Bereich möglichst in die Umgebung einfügen. Halten Sie nicht krampfhaft an runden Formen fest. Gestalten Sie zwar so groß wie nötig, aber so klein wie möglich, damit alle Schüler/innen einen guten Kontakt zueinander halten können. Meist ist es sinnvoll, nicht einreihig, sondern mehrreihig zu planen.

  Tipp: Auf vielen Schulhöfen findet man noch größere Sitzbereiche, die zum Zweck von Schulveranstaltungen geplant wurden. Viele dieser teuren Bauwerke verrotten, ohne dass sie häufig genutzt wurden. Überlegen Sie sich bei der Anlage solcher „Amphitheater“ genau, ob der Nutzen den baulichen Aufwand rechtfertigt oder ob nicht andere Sitzmöglichkeiten dringlicher sind.

- Nutzen Sie an Ihrer Schule Aufenthaltsbereiche in der Nähe kleinerer Eingänge?

  Immer wieder überrascht an Schulen, wie viele Türen für

die Kinder verschlossen bleiben. Sollten Sie zu den Schulen gehören, die aus Klassen- oder Fachräumen einen direkten Zugang zum Außengelände haben, dann nutzen sie dieses Potential. Es lassen sich mit relativ wenig Aufwand so genannte *Klassenterrassen* abgrenzen, deren Gestaltung jeweils einer Klasse vorbehalten ist.

Tipp: Sollten Sie privat über eine Terrasse verfügen, wissen Sie um die Nutzungsqualität, aus dem eigenen „Wohnbereich" direkt ins Freie treten zu können. Was würden Sie davon halten, wenn solche Türen auf Anweisung des Hauseigentümers auch im Sommer geschlossen blieben? Hier müssen Regelungen gefunden werden, die vor allem den Hausmeister von bestimmten Schließpflichten entlasten. Auch für Fachräume, insbesondere den Werkraum, stellt die Nutzungsmöglichkeit eines eigenen „Freiluftateliers" neue Arbeits- und Gestaltungsmöglichkeiten dar.

- Gibt es an Ihrer Schule Bereiche, auf denen der Blick gerne ruht?

  Werden Kinder nach Ihren Wünschen zum Außengelände gefragt, fordern insbesondere Mädchen immer wieder dessen *„Schönheit"* ein. Sie wünschen sich Blume, farbig gestaltete Bereiche oder einen Springbrunnen. Lassen Sie trotz des starken Nutzungsdrucks Raum für Bereiche, die liebevoll gestaltet sind und eine gewisse Achtsamkeit erfordern. Hierfür eignen sich einerseits Bereiche, die ohnedies abgetrennt sind und dem starken Nutzungsdruck in der Pause entzogen sind, wie z.B. der Schulgarten.

Machen Sie andererseits aber auch eine kreative und liebevolle Gestaltung von z.B. Sitzbereichen für kleinere Gruppen möglich. Durch kreative Holzbearbeitung (z.B. Bänke, Pfähle oder andere kleine Kunstwerke beschnitzen, bemalen oder Muster in diese einbrennen), Steinarbeiten (Mosaike, Pflasterbereiche, Sandsteinbearbeitung) oder Pflanzarbeiten (Hochbeet mit Blumen, Teichanlage) setzen Sie individuelle Zeichen. Bauen Sie dabei so stabil, dass Beklettern und stärkeres Benutzen gefahrlos möglich sind.

6.3 Berichte über Schulhofgestaltungen

Die folgenden Berichte sollen zeigen, wie der Prozess der Schulhofgestaltung in zwei Schulen verlaufen ist. Sie sind nicht als Realisierung der in diesem Buch vorgeschlagenen Phasen und Schritte zu verstehen. Der erste Bericht beschreibt die Aktivitäten, die die Schule aus sich heraus unternommen hat. Der zweite Bericht stellt einen Prozess der Schulhofgestaltung dar, der als Teil der Entwicklung eines Stadtquartiers geplant und realisiert wurde. Ausgangspunkt und Zielsetzung waren also recht unterschiedlich. Die Verfahren werden nicht immer explizit beschrieben, aber sie lassen sich doch im Bericht selbst identifizieren. Wie auch die abschließenden Hinweise auf Internetpräsentationen sollen die Berichte anregen, in einzelnen Punkten Kritik herausfordern und Entscheidungen über eigene bessere Wege anstoßen.

6.3.1 Ein Bericht[12] zur gesundheitsfördernden Schulhofgestaltung

Wir verstehen Schulraumgestaltung schon lange als Beitrag zur Gesundheitsförderung und haben inzwischen unseren Schulhof so umgestaltet, dass er zahlreiche Spiel- und Erfahrungsräume für die Entwicklung und das Zusammenleben unserer Schüler bietet und sichert. Hierzu gehören vielseitige Bewegungsräume und Landschaften, die zu Aktivitäten einladen und zu Materialerfahrungen anregen. Dazu gehören aber auch Räume zum Entspannen und Durchatmen, Naturräume für Erkundungen und Beobachtungen und besonders der soziale Raum mit seinen Forderungen Regeln zu befolgen oder in Frage zu stellen und nach Bedarf gemeinsam zu vereinbaren.

Auf unserer zentralen Schulhofgruppensitzung im Dezember 2003 waren sich alle einig, in den letzten Jahren viel bewegt zu haben. Die zahlreichen Möglichkeiten, die Pause auf den naturnah gestalteten Freiflächen zu verbringen, führt zur nachhaltigen Veränderung des Schülerverhaltens. Unsere ca.380 Schüler nutzen den gesamten Schulhof als Spielraum; Verletzungen, Unfälle und aggressives Verhalten gehen zurück. Die Kooperation von Eltern, Schülern und Lehrern und das damit verbundene Gemeinschaftsgefühl werden immer wieder hervorgehoben. Gemeinsame Umgestaltungsprozesse schaffen Selbstvertrauen durch den Stolz auf das Erreichte und fördern das Verantwortungsgefühl gegenüber der Natur und den Mitmenschen. Das demokratische Handeln wird bei der Durchsetzung mehrheitsfähiger Interessen und bei der friedlichen Lösung von Konflikten geübt.

Kurze Erläuterung der vorangegangenen Aktivitäten
Wir starteten im Schuljahr 2003/2004 bereits im September mit dem 1. Aktionstag, um die neuen Erst- und Vorschulklasseneltern und -schüler mit in unser Schulleben einzubeziehen. Die große Beteiligung sprach für sich. Höhepunkt im Herbst war das sehr gut besuchte Herbstfest, auf einem gepflegten, reparierten und gesäuberten Schulhof. Mit welcher Begeisterung die Schulhofgruppe auch dieses Jahr gearbeitet hat, ist unschwer an der Ideenliste 2004 zu erkennen.

Die Projekte für den Aktionstag im April 2004 wurden nach ausgiebigen Diskussionen in den verschiedenen Gremien auf dem Planungstreffen im Februar entschieden. Es gab dieses Jahr viele Pflege-, Reparatur und Erhaltungs-Projekte.

- Gestaltung der Ballwand „Rohre zum Zielwerfen“
- Neuer Spielhügel – Wege und Baumstämme
- Labyrinth aus Steinen
- Pflastern der „weißen Linie“ als Begrenzung des Schulgeländes

- Ruhezone – Hecke setzen, Eingänge pflastern
- Gemütliche Bänke
- Reparatur von Weidentipis, Weidenzaun und Weidentunnel
- Reparatur des Fuß-Fühl-Pfades
- Verteilen von Rindenmulch
- Aufräumen des Steinlagers

Pflege von Pflanzwall und Treffpunkt, Birken-Beet und Kieselmeer, Sandkiste, Schulhofecken, Eingang A, Eingang B, Randzonen usw.

Zahlreiche Projektleiter planten und organisierten; am Tag selbst leiteten sie die Arbeiten in ihrer Projektgruppe. Bereits am Ende des 1. Aktionstages wurden fast alle Projekte beendet. Wegen des kurzen Schulhalbjahres war uns dies auch ein wichtiges Anliegen. In den letzten Jahren folgten häufig noch drei bis vier kleinere Aktionstage. Als Dank für die Mithilfe gab es einen Gutschein, der am letzten Schultag vor den Ferien bei Mitgliedern aus der Schulhofgruppe an einem Stand eingelöst werden konnte – übrigens eine absolut kommunikative Idee, dieses direkt vor den Ferien zu tun.

Worin zeigt sich, dass die Aktivitäten langfristig angelegt sind und auf dauerhafte Verhaltensänderungen zielen?

Wir haben die Erfahrung gemacht, dass es zwar immer wieder viel Spaß macht, neue Ideen zu entwickeln, Projekte zu entwerfen und umzusetzen bzw. fortzuführen, also sich die Schulraumgestaltung als Daueraufgabe zu stellen, es aber auch sehr mühsam ist, das Bestehende zu erhalten und zu pflegen, es sinnvoll zu benutzen und dabei zu achten. Das heißt, der soziale Bereich, Vereinbarung von Regeln und Lösen von Konflikten hat in diesem Schuljahr noch mehr an Bedeutung gewonnen. Mit diesen Fragen haben sich besonders das Kinderparlament mit den Klassensprechern, die Klassen selbst und die Lehrerkonferenz befasst.

Der Wunsch nach festen Regeln ist groß:

- Es soll Regeln und feste Klassentage für die Ballwand geben
- Regeln für das Labyrinth
- Regeln für die Weidentipis
- Sandkistentage – nicht nur die Vorschüler sondern auch die 1. und 2. Klassen möchten in der Sandkiste spielen und bauen, die 4. Klassen wollen darin kämpfen
- auf der Ruhewiese können nur wenige Schüler Platz finden, sie ist sehr klein; hier könnten die Ausweise der Spielgeräteausleihe zur Zugangsregelung benutzt werden

Am Ende wurde die Begrenzung von Spielbereichen gefordert. Im Kinderparlament kam es zu heftigen Diskussionen zwischen jüngeren und älteren Klassensprechern.

Es wurde deutlich, wie wichtig ein Nutzungskonzept für Spielbereiche mit Anleitungen für Spiele und Spielgeräte ist, um die Nachhaltigkeit zu sichern. Die Schüler/innen erkannten, dass zahlreiche Regelkataloge nicht unbedingt zu einem friedlichen Miteinander führen.

Von der Ruhewiese zur Ruhezone

Ein Beispiel für diesen Prozess ist die Anlage unserer Ruhewiese und Weiterentwicklung bis zur Ruhezone. Bereits im letzten Jahr hatten Eltern und Lehrer Monas (unsere Mosaikschlange) Umgebung kreativ gestaltet und auf Wunsch der Schüler eine Ruhewiese angelegt. Im Herbst und Winter wurde das Gebiet zum Spielen und Toben benutzt; die Wiese und angrenzende Gebiete wie das grüne Klassenzimmer waren bis zum Frühjahr zertreten, die Kräuterspirale an manchen Stellen weggebrochen. Das Kinderparlament versuchte Regeln aufzustellen. „Wieder Regeln – nein, so ging es nicht!“. Die Kinder kamen auf neue Ideen: *ein Schutz aus Büschen und Bäumen, ein Absperrband, ein Zaun, Viertklässler sollen als Helfer das Gebiet schützen, verschiedene Schilder aufstellen wie „Hier ist Naturschutzgebiet“, „Achtet die Bäume“, „Lasst die Pflanzen in Ruhe wachsen“.*

Sie einigten sich dann, nicht nur die Ruhewiese einzugrenzen, sondern eine spielberuhigte Zone und damit eine großflächige Ruhezone für Kinder, Pflanzen und Tiere abzuteilen, um die angelegten Projekte vor „wilden Spielen" zu schützen und damit ihren Wunsch nach einem Raum für Entspannung zu verwirklichen.

Das Ergebnis sieht nun folgendermaßen aus: Eine ein Meter breite Asphaltkante wurde hochgenommen, so dass eine Hecke gepflanzt werden konnte. Nachdem Preise, Informationen über Wuchsform, Widerstandsfähigkeit, Aussehen und Eignung eingeholt worden waren, entschieden wir uns für eine Ligusterhecke. Beete wurden liebevoll bepflanzt, Rindenmulch und Rasen erneuert, der Wasserlauf begrünt und Eingänge gepflastert. Die Klasse 2b reparierte und bepflanzte die Kräuterspirale neu. Bis heute ist der gesamte Bereich noch nicht freigegeben. Nach den Sommerferien wird es eine Benutzerordnung geben und eine kleine Einweihung.

Ein zweiter Ruhebereich wird bei den Weidentipis liegen. Kinder mögen sich gerne verstecken, eine Höhle zum Unterschlüpfen haben, es soll dicht, dunkel und heimelig sein. Sie wollen sich den Blicken anderer entziehen und im vertieften Spiel nicht durch „Raser" gestört werden.

Im Juni hat das Kinderparlament als Projekt für das neue Schuljahr beschlossen, den Schulhof in Bewegungs-, Spiel-, Ruhe-, Kontakt-, Lern- und Naturräume aufzuteilen. Doch auch hier treten bereits neue Fragen auf:

Wie können wir die Einteilung sichtbar machen? Soll eine Karte am Eingang hängen? Wie verhindern wir Störungen und Überschreitungen? Brauchen wir mehr Aufsichten und Pausenhelfer?

Ebenso wichtig für den Erhalt der einzelnen Schulhofprojekte ist die Pflege der Gebiete. Jede Klasse hat eine Patenschaft übernommen. Es ist jedoch schwierig, die Aufgaben in den

Unterrichtsalltag einzubauen. Auch hier muss das Konzept im neuen Schuljahr überdacht werden.

Wer war in die Umsetzung des Konzepts mit eingebunden?
Nach wie vor gibt es bei uns einige „positiv verrückte" Eltern, Lehrer und Schüler, die sich auf den oft mühsamen Weg der Umgestaltung und Pflege in Eigeninitiative machen. Wir, die Schulhofgruppe, treiben den langwierigen Beteiligungs- und Umsetzungsprozess voran. Die gesamte Schulraum-/Schulhof-Gestaltung und Pflege wird von der Schulöffentlichkeit unterstützt und angeregt.

Schüler, Lehrer und Eltern sind in sofern maßgeblich beteiligt, als dass die Vorschläge und Entscheidungen auf Befragungen beruhen und in den Gremien diskutiert und abgestimmt werden.

Weitere Kooperationspartner sind die Försterei Duvenstedter Brook für Baumstämme, Bauer Dabelstein für Transporte von Riesenstämmen, Gut Wulksfelde für Weidenschnitt, Firma Böttcher für Steine, Erde etc., Firma Pruhns für Beratung und Rohrlieferungen, weitere Bau- und Gartenfirmen aus dem Hamburger Norden, Umweltbehörde, Gartenbauamt, Bezirksamt, Schulbehörde und Lit, Deutsche Umwelthilfe sowie Schutzgemeinschaft Deutscher Wald. Ein Gartenbauingenieur sowie weitere Fachkundige aus der Elternschaft unterstützten uns mit Plänen, Zeichnungen und Anleitung bei speziellen Tätigkeiten.

Wie wurde die Öffentlichkeit informiert?
Die ständige Information von Eltern-, Lehrer- und Schülerschaft und darüber hinaus der Öffentlichkeit war Voraussetzung für das Verständnis eines längerfristig angelegten Gesamtkonzeptes und das Gelingen der Umgestaltung des Schulhofes. Die Information lief über Informationsbriefe, Befragungen, vierteljährlich erscheinende Elternbriefe, Homepage, Schulbroschüre, Plakate, Informationsabende, Herbstfeste,

Schnuppertage, Konzerte, Auszeichungsveranstaltung, diverse Ausstellungen, Präsentationsmappen, verschiedene Stadtteilzeitungen, Schulhofprospekte mit Spendenaufruf und über Werbe- und Informationsgespräche mit Firmen, Geschäften und Baustoffhändlern.

In der Schulhofgruppe sind wir uns einig, dass wir unbedingt noch mit einem großen Artikel in einer großen regionalen Tageszeitung erscheinen müssen zum Thema „Elternarbeit im Stadtteil".

Wie geht es weiter?

Da unsere Schule 30-jähriges Jubiläum feiert, wird es am Samstag, 21. August 2004, einen „lockeren Gartentag" für den Schulhofputz vor dem Fest geben.

Auch der nächste Aktionstag ist geplant; er soll wieder mit den Eltern der neuen Klassen im September stattfinden. Folgende Projekte könnten beendet werden:

- Farbliche Gestaltung der Ballwand
- Bau einer Torwand
- Beenden der Ruhezone
- Bunte Sitzmauer aus Steinen
- Bau einer Sitzbank aus Karlsruher Gartensteinen
- Begrünung der Schuppen
- Bau eines Elternratsschaukasten
- Diverse Pflegearbeiten
- Spielfelder für den Schulhof
- Überarbeitung des Labyrinths

Am Anfang des Schuljahres muss erneut unser Pflegekonzept überdacht und mit dem Kinderparlament ein Nutzungsplan für den Schulhof erstellt werden.

Im Jahr 2005 wollen wir das Brunnenprojekt beginnen und eine Spring-Stufen-Landschaft mit Spiel und Sitztreppen anlegen.

Ob unser bereits lange geplanter Eingangsbereich umgestaltet werden kann, hängt von den beantragten Behördengeldern für ein Vordach und neue Fahrradständer ab.[13]

6.3.2 Das Steinlabyrinth – ein Projekt mit Irrwegen

Planung

Wenn wir in unserem Kinderparlament die Frage erörterten, welche Spielmöglichkeit sich die Kinder als Erweiterung unseres Schulhofes wünschen würden, stand ein Labyrinth stets an erster Stelle, gleich gefolgt von einer weiteren Schaukel. Den Kindern schwebte bei der Entwicklung ihrer Ideen ein großflächig angelegtes Terrain mit vielen verwunschenen Irrwegen gesäumt von mehr oder weniger hohem Buschwerk vor. Natürlich sollte man sich in diesem Labyrinth verlaufen können und Wege zum Ausgang suchen müssen. Ihre Entwürfe dokumentierten die Kinder mit Zeichnungen.

Die Idee, ein Labyrinth auf dem Schulhof zu verwirklichen, fand über das Kinderparlament hinaus breite Zustimmung und wurde in die Planung des Schulhofaktionstages im April 2004 mit einbezogen. Lediglich die Dimensionen dieses Projektes mussten aus räumlichen, zeitlichen und finanziellen Gründen deutlich eingeschränkt werden. Die von den Kindern entwickelten Vorstellungen konnten mit unseren derzeitigen Möglichkeiten nicht umgesetzt werden.

Als eine realistische Alternative zu einem Labyrinth aus Buschwerk ergab sich die Möglichkeit ein Labyrinth aus Steinen zu erschaffen. Angeregt durch die Lösungen anderer Schulen sahen wir hierin auch eine gute Möglichkeit die bereits zahlreich vorhandenen Betonsteine sinnvoll und kreativ zu verbauen. Als Ort auf unserem Schulhof bot sich eine bis dato weitgehend ungenutzte, mit Betonplatten gepflasterte Fläche an.

Abb. 18: Steinlabyrinth Foto: Boltz-Krause-Solberg

Umsetzung

Im Vorfeld des Schulhofaktionstages wurden zunächst keine weiterführenden planerischen Überlegungen angestellt. Am Aktionstag selbst fanden sich aber schnell zwei Väter der Schule, die sich durch die kreativen Möglichkeiten des Projekts Labyrinthbau angesprochen fühlten und sich an deren Umsetzung machten. Zusammen mit Kindern wurden zunächst erste Entwürfe des Labyrinths mit Steinen auf die Plattenfläche des Schulhofes gelegt. Der Ein- und der Ausgang wurden festgelegt, Wege und Irrwege entwickelt und wieder verworfen. Immer wieder wurden die Provisorien von den Kindern erprobt, kritisiert und oft als zu einfach empfunden. Ästhetische Aspekte wurden genauso mit einbezogen wie praktische Überlegungen. Die Wege im Labyrinth durften nicht zu eng geraten, um noch gut durchschritten werden zu können. Die angrenzenden Bänke und das nahe liegende Fußballfeld sollten nicht in ihren Nutzungsmöglichkeiten eingeschränkt werden. Um der Stolpergefahr für die möglicherweise in der Nähe spielenden Fußballspieler zu verringern, entschieden wir uns, die äußeren Steinreihen höher anzulegen, um ein deutlich erkennbares „Hindernis“ zu schaffen.

Nachdem der fertige Entwurf des Labyrinths lose mit Steinen gelegt war, sollten die Steine mit Fliesenkleber auf den Platten befestigt werden. Vorher musste der Untergrund aber gründlich von Sand befreit werden, da sonst die Haltbarkeit der Steine auf den Platten nicht gewährleistet gewesen wäre. Zur Verklebung der Steine war uns die Verwendung von flexiblem, hoch festem Fliesenkleber empfohlen worden. Das Verkleben der Steine selbst ging relativ schnell voran, so dass bald das fertige, noch nicht fest abgebundene Labyrinth vorsichtig von den Kindern erprobt werden konnte.

Gerne nahmen die Kinder die neue Spielmöglichkeit an. Zügig durchschritten sie das Labyrinth, nicht nur von dem angedachten Eingang aus, sondern natürlich auch in entgegengesetzter Richtung. Sie entwickelten Spielideen, dass die Steine nicht berührt werden durften und maßen sich im schnellstmöglichen Absolvieren des Labyrinthweges. Die Kinder erfreuten sich daran, sich die verschiedenen Wege durch das Labyrinth einzuprägen und nutzten es in den ersten Tagen nach der Fertigstellung sehr intensiv.

Bewertung des Projekts

So weit so gut. Leider verführt die von uns gewählte Art eines Labyrinths aber auch zu einer nicht vorgesehenen Nutzung: Zunehmend probierten die Kinder aus, auf den „Mauern“ des Labyrinths zu balancieren oder von einer „Mauer“ zur anderen zu springen, ohne herunterzufallen. Wir mussten leider schnell feststellen, dass für diese Art des Bespielens das Labyrinth nicht geeignet ist: Zum einen hält die Verbindung der Steine dieser Belastung nicht stand. Die Folge waren zahlreiche lose Steine bereits nach wenigen Tagen der Fertigstellung des Labyrinths. Zum anderen birgt das Springen von einer Mauer zur anderen eine Unfallgefahr, weil man schnell abrutschen kann, sich den Fuß verletzt oder hinfällt. So mussten wir in den ersten beiden Tagen bereits zwei, wenn auch zum Glück glimpflich verlaufende Unfälle registrieren.

Unter kritischer Betrachtung lässt sich festhalten: In der Gestaltung und Umsetzung handelt es sich bei der von uns gewählten Form um eine praktikable und einfach zu realisierende Lösung für den Bau eines Labyrinths. Um einer Fehlbenutzung und damit einer Zerstörung und einer Unfallgefahr für die Kinder aus dem Wege zu gehen, sollten mit den Kindern Regeln und Spielformen erarbeitet werden, die eine Benutzung ausschließlich der Wege des Labyrinths vorsehen. Diese Aufgabe werden wir demnächst angehen, um das Projekt Labyrinth an der Schule erfolgreich voranzutreiben.

Inzwischen hat die Klasse 1c Beobachtungen und Regeln zum Labyrinth aufgeschrieben, damit das Kinderparlament eine Spielanleitung entwickeln kann.

6.3.3 Über die Zusammenarbeit von Stadtquartier und Schule

Im folgenden Beispiel wird ein Beteiligungsverfahren beschrieben, das von Herbst 2003 bis zum Sommer 2004 an einer städtischen Grundschule durchgeführt worden ist. Die Vorzeichen dieses Verfahrens waren insofern besonders, als die erste Anregung zur Umgestaltung des Hofes von außen, aus dem umliegenden Quartier kam. Für die Schule verband sich somit die Hoffnung auf einen neu gestalteten Schulhof für die eigenen Schüler mit der Befürchtung einer ungeregelten Nutzung durch das Quartier. Das Beteiligungsverfahren musste diesen Aspekt besonders berücksichtigen.

Der Stadtteil, in dem die Schule liegt, wurde seit einiger Zeit durch ein Programm der Stadt Hamburg zur „sozialen Stadterneuerung“ gefördert. Sondermittel wurden bereitgestellt, um die Infrastruktur des Quartiers zu fördern und die räumlich sehr beengte Situation zu entlasten.

Die Grundschule in diesem Stadtteil nutzte mit ihrer Außenfläche die größte Freifläche im Quartier. An den Nachmittagen war das Gelände zwar durch ein kleines Tor begehbar und somit der Öffentlichkeit zugänglich, jedoch wurde diese Möglichkeit durch die Bevölkerung wenig genutzt.

Das Gelände bot somit ein erhebliches Potenzial für die Bewohner im Umfeld. Würde eine wirkliche Öffnung des Geländes außerhalb der Schulzeiten möglich sein, dann würde den Kindern und Jugendlichen ein großes zusätzliches Spiel- und Aufenthaltsareal zur Verfügung stehen.

Vorgespräche zwischen Quartier und Schule
Da der Anstoß zur Umgestaltung aus dem Umfeld der Schule kam, fiel dem Quartiersbüro eine zentrale Rolle zu. Das Quartiersbüro war diejenige Stelle, die die Koordination der Maßnahmen aus dem Förderprogramm zur Sozialen Stadterneuerung wahrnahm. Es war zugleich Ansprechpartner für Institutionen und Menschen aus dem Stadtteil. In dieser Funktion suchte das Quartiersbüro den Kontakt zur Schule und zugleich zu einer neutralen Moderationsstelle. Das Hamburger Forum Spielräume übernahm daraufhin die Moderation des weiteren Beteiligungsprozesses.

In ersten Gesprächen zwischen der Schule bzw. der dort mittlerweile gegründeten AG Schulhof und dem Quartiersbüro wurden die Rahmenbedingungen des Verfahrens geklärt. Insbesondere waren dies die Fragen, wer am weiteren Verfahren beteiligt werden müsse, wie die Finanzierung des Moderationsprozesses und insbesondere der Umgestaltungsmaßnahmen geregelt ist und welche Ziele der Stadtteil bzw. die Schule mit einem umgestalteten Gelände verbinden.

Für das weitere Vorgehen wichtig war die Benennung, wer auf Seiten der Schule und auf Seiten des Quartiers die zentralen Ansprechpartner für das Moderationsteam sein sollten. Dabei stellte sich innerhalb der Schule die stellvertretende Schulleiterin zur Verfügung. Dies erwies sich als sehr hilfreiche Entscheidung, denn durch ihre Funktion als stellvertretende Schulleiterin auf der einen Seite und als Lehrerin auf der anderen Seite konnte sie den Kommunikationsfluss zwischen dem Kollegium und der Leitung der Schule optimal gewährleisten.

Auf Seiten des Quartiers wurde diese Aufgabe durch das Quartiersbüro wahrgenommen. Für das weitere Verfahren waren damit klare Ansprechpartner benannt, die insbesondere für die operative Arbeit von großem Wert sein sollten.

Entscheidungen

Nach den Vorgesprächen hatte die AG Schulhof bzw. die Schulleitung noch die Aufgabe zu leisten, das gesamte Kollegium für das Projekt zu gewinnen sowie auf der Schulkonferenz einen entsprechenden positiven Beschluss zu erwirken. Zur Unterstützung ihrer Argumentationen hatte sich die AG Schulhof mit Besuchen anderer Schulhöfe, die bereits über Beteiligungsverfahren umgestaltet worden waren, vorbereitet. Durch eine kleine Videodokumentation dieser Höfe stand Material zur Verfügung, um die Diskussion mit den Kolleginnen und Kollegen anzuregen.

Im Rahmen einer pädagogischen Konferenz der gesamten Lehrerschaft wurde das Beteiligungsverfahren durch das Moderationsteam dargestellt. Das Kollegium entschied sich daraufhin, große Teile des Beteiligungsverfahrens selbst durchzuführen (anstatt sie extern durchführen zu lassen).

Auf der Schulkonferenz war die formelle Entscheidung der Schule zu fällen. Dies war jedoch lediglich eine Formsache, da die Mitglieder der Schulkonferenz bereits auf den anderen Veranstaltungen über das Verfahren informiert worden waren.

Schließlich war auch auf Ebene des Quartiers, nämlich im Quartiersbeirat (bestehend aus Bewohnern des Stadtteils, Gewerbetreibenden, Wohnungsbausgesellschaften und sozialen Einrichtungen) für das Beteiligungsverfahren zu werben. Ohne die Zustimmung des Beirates hätte der Ortsausschuss, der neben der Schulbehörde für die Freigabe der notwendigen Mittel zuständig war, seine Zustimmung verweigert. Auch hier wurde das Projekt durch das Moderationsteam vorgestellt.

Insgesamt waren der eigentlichen Arbeit also verschiedene Diskussions- und Entscheidungsprozesse vorgeschaltet, die insgesamt etwa vier Monate dauerten.

Es geht los – Interview-Streifzug mit dem Kollegium

Der erste Schritt bestand darin, mit dem Kollegium den Schulhof zu begehen und in Form eines Interviewstreifzuges wichtige Informationen zu sammeln. Gruppen von jeweils vier bis fünf Lehrerinnen und Lehrern besichtigten gemeinsam das Gelände, das sie aus ihrer alltäglichen Aufsichtspflicht gut zu kennen meinten. Jede Gruppe war mit einer Skizze des Geländes bestückt und machte sich Notizen zu den Fragen:

- Wo liegen aus Ihrer Sicht Stärken und Schwächen des Außengeländes?
- Was bzw. welche Teile des Hofes sind unbedingt erhaltenswert? Warum?

Die relevanten Orte wurden auf der Skizze mit Nummern markiert und mit kurzen Bemerkungen auf einem Extra-Blatt erläutert. Anschließend wurden im Plenum die Ergebnisse durch die Kleingruppen dargestellt. Daraus ergaben sich bereits erste Problemzonen und Abgrenzungen bestimmter Raumbereiche.

Interview-Streifzug mit dem Hausmeister

Zu einem späteren Termin wurde die Begehung des Hofes mit dem Hausmeister wiederholt. Er konnte auf weitere Besonderheiten des Geländes hinweisen und auch zu Nutzungen außerhalb der Schulzeit Auskunft geben.

Methodenworkshop

Der nächste Schritt bestand darin, dem Kollegium im Rahmen eines Methodenworkshops verschiedene Möglichkeiten aufzuzeigen, wie sie die Nutzung des Geländes durch die Schüler mit diesen gemeinsam analysieren könnten und welche Instrumente genutzt werden könnten, um neue Ideen für die Gestaltung zu erarbeiten. Die weiter oben beschriebenen Methoden (siehe Kap. 3.6) wurden dabei anhand kleiner Beispiele anschaulich gemacht.

Die Arbeit mit den Schülern sollte auf Ebene des Klassenverbandes durchgeführt werden. Der Workshop wurde daher dafür genutzt, die verschiedenen methodischen Zugänge unter den Klassen aufzuteilen. So übernahmen drei Klassen den Auftrag, Fotostreifzüge zu machen, zwei andere Klassen wollten mit Interviews arbeiten, wieder andere sammelten mit der „Kärtchenmethode" in ihrem Klassenraum an einer Wand über eine gewisse Zeit Kritikpunkte durch die Schüler. Zudem wurden alle Lehrerinnen und Lehrer gebeten, während ihrer Pausenaufsichten Notizen zur Nutzung des Pausengeländes zu machen. Auch diese Notizen sollten direkt auf der Skizze des Hofes festgehalten werden.

Darüber hinaus wurde innerhalb des Workshops auch die Bedeutung des Hofes für die Nachmittagsgestaltung der Kinder thematisiert. Die Lehrerinnen und Lehrer wurden ermuntert, mit ihren Schülerinnen und Schülern über deren Freizeitverhalten bzw. Aufenthaltsorte im Quartier zu sprechen. Hierdurch sollte die Sensibilität für die Situation der Kinder nach der Schule gestärkt werden.

Um einen Eindruck davon zu vermitteln, wie sich die Ergebnisse anschließend dokumentieren ließen, wurde ebenfalls innerhalb des Workshops die Auswertung der Begehung mit dem Kollegium vorgestellt. An dieser ersten kleinen Dokumentation wurde auch deutlich, dass die Skizze des Hofes für alle Schritte der Nutzungsanalyse von großer Hilfe war. Sie war gewissermaßen das weiße Blatt Papier, das man mit sich führen musste, wenn man auf den Hof ging. Nur durch die unmittelbare Übertragung des relevanten Raumausschnittes auf die Karte war eine richtige Übertragung in die Dokumentation der Nutzungsanalyse überhaupt möglich.

Abschließend wurde der Workshop auch genutzt, um eine verbindliche Zeitschiene für die Arbeit mit den Schülerinnen und Schülern festzulegen. Die zahlreichen Termine außerhalb des Schulalltags (Sportwettkämpfe, Ausflüge, Schulfeste, Ferien etc.) verengten die terminlichen Möglichkeiten des Projektes erheblich. Durch die frühzeitige Planung der Termine ließen sich jedoch allzu große Belastungen vermeiden.

Nutzungsanalysen

Die verschiedenen Ergebnisse aus den Schulklassen wurden über die Kontaktlehrerin an das Moderationsteam weitergeleitet. Hier bestand die Aufgabe anschließend darin, die Ergebnisse in eine Dokumentation zu überführen. Wie so etwas aussehen kann, zeigt die folgende Zusammenstellung.

Randbepflanzung, Gestrüpp

Das Gestrüpp wird seit einiger Zeit von den Kindern zum Höhlenbau genutzt. Z.T. werden die Kinder hierzu von Lehrerinnen animiert. Der Hausmeister akzeptiert dies weitestgehend, kritisiert jedoch, dass Baumaterial aus dem gesamten Schulgelände herangeschafft würde (auch seinem benötigten Arbeitsmaterial).

Gebüsch wird auch zum Versteckspielen genutzt

Es gibt einige Konflikte dadurch, dass der Nutzungsdrang durch die Kinder derzeit sehr hoch ist. V.a. Territorialkonflikte, aber auch Streit um ausreichendes Baumaterial. Aufsichtsmöglichkeit dort sehr eingeschränkt.

Problem, dass viel Dornengebüsch: Verletzung bzw. Problem beim Ballwiederholen. Auch das lose Material wird z.T. als Verletzungsproblem gesehen.

Fazit:
Hoch attraktives Spielgebiet, schwierige Aufsicht, unbedingt erhaltenswert, aber in angepasster Form.

Besondere Anmerkungen der Schüler:
Höhlenbau momentan sehr attraktiv, führt aber auch zu Streit.

Bolzplatz

Der Zustand der Fläche wird kritisiert, der Rasen ist kaum noch vorhanden, wegen hoher Nutzungsfrequenz. Problem der Dornenbüsche, wenn der Ball hineinrollt.

Es gibt Nutzungskonflikte um den Platz.

Gefahrenstelle: Tore werden oft beklettert! Tore wackeln jedoch, sind scheinbar nicht fest verankert.

Z.T. gibt es hier auch Nutzungskonflikte mit anderen Rasennutzern (auch andere [Ball-]spiele). Es fehlen Begrenzungsmarkierungen.

Konflikt auch dadurch, dass Bälle von nicht mitspielenden Kindern weggenommen werden.

Auch in den Spielen selber kommt es zu Konflikten (Fouls etc.).

Besondere Anmerkungen der Schüler:
Der Boden sollte erneuert werden. Wird offensichtlich nur von Jungs genutzt. Es gibt auch Stimmen, die den Platz weghaben wollen.

Die jetzigen Tore werden als gefährlich wahrgenommen, weil es kein Netztore sind (Klettergefahren).

Sprunggrube (C2)

Die Grube wird für den Sportunterricht benötigt. Wird auch als Sandkiste genutzt, Sandqualität ist jedoch schlecht. Bänke an der Kiste werden vermisst (von Kindern?).

Hausmeister strebt Verlegung der Sprunggrube zur Laufbahn (A2-A8) an. Dort sei die Grube besser gelegen.

Besondere Anmerkungen der Schüler:
Zu klein/soll weg.

Asphaltfläche (D3-E6)

Die Fläche wird im Bereich zwischen C5 und E5 zum Fußballspielen genutzt. Es stehen kleine rote Metalltore an den beiden Seiten.

Der Bereich zwischen D6 und E6 wird für das Befahren mit Fahrzeugen genutzt, die aus dem Spielecontainer (B6) ausgeliehen werden.

Diese beiden Nutzungen geraten in den Überschneidungszonen regelmäßig in Konflikt. Dies trotz einer Abtrennung durch Hütchen. Auch Fußballmannschaften geraten durch fehlende Abgrenzungen in Konflikt.

Die Fläche wird als Wurffeld für Schlagballwerfen genutzt (Markierungen aufgemalt).

Auch für Verkehrsübungen wird der Platz genutzt. Die Schule besitzt sieben eigene Fahrräder.

Der Asphalt selber ist im Sommer oft zu heiß, im Winter dagegen ggf. zu glatt.

Die Turnhallenwand könnte als Kletterwand mit genutzt werden.

Besondere Anmerkungen der Schüler:
Basketballbereich als unschön empfunden, andererseits wird ein zweiter BB-Korb vermisst.

Der Boden wird als zu gefährlich, zu hart empfunden.

Es fehlen Geräte. Hof ist toll.

Kletteranlage (E2)

Wird gut genutzt, z.T. scheinen jedoch kleinere Verletzungen (Schürfwunden) aufzutreten.

Der Sand unter dem Gerüst sollte besser bespielbar sein.

Der Sitzbalken an der Kletteranlage wird z.T. als wenig sinnvoll angesehen.

Der Bereich des Gerüstes wird auch zum Ticken-Spielen genutzt.

Besondere Anmerkungen der Schüler:
„Bitte weg", hässlich, blöd, zu klein, gefährlich, „weil wir in die Löcher fallen".

Rasenfläche (E/F4-E/F6)

Auf der Fläche soll demnächst ein bereits beantragtes Spielgerät aufgestellt werden. Unklar, worum es sich dabei handeln wird.

Auf der Fläche gibt es zwei Fruchtbäume (Kirsche), deren Früchte ab und an für Rutschgefahr sorgen und Wespen anziehen. Andere Lehrer heben gerade positiv hervor, dass es Fruchtbäume auf dem Gelände gibt.

Die Fläche wird häufig überquert, ohne dass es dafür Wege gibt. Diese könnten also eingerichtet werden.

Der Bereich, der unter dem Laubengang endet, wird als schmutzig und ungepflegt wahrgenommen.

Die Sandkiste, die dort steht, sollte entfernt werden. Andere fordern hier neuen Sand.

Die Fläche wird im Sommer zum Seilspringen mit einem großen Seil verwendet.

Besondere Anmerkungen der Schüler:
Reckstangen sind blöd und langweilig.

Gebüsch vor dem Gebäude bzw. Lehrerzimmer (C7-E7)

Das Gebüsch ist zu dornig, Bälle gehen darin kaputt oder können nur schwer wieder herausgeholt werden. Das Gebüsch wird dadurch als gefährlich wahrgenommen.

Von vielen als Problem wahrgenommen, dass sich Kinder zwischen Gebüsch und Fensterfront drängen und dann zum Lehrerzimmerfenster gelangen. Beobachten, Klopfen, Rufen etc. stört im Lehrerzimmer.

Zugleich wird das Gebüsch aber auch zum Versteckspiel genutzt.

Besondere Anmerkungen der Schüler:
Die Äste sollten weg (B/C 7).

Hügel und Arenasitze (F3-G4)

Der Pflegezustand des Hügels und der Steinplatten (Sitze) wird sehr kritisiert. In den siebziger Jahren wurde die Ostseite des Hügels als Tribüne genutzt. In der „Arena“ fanden dann kleinere Veranstaltungen statt. Das ist dann irgendwann eingeschlafen.

Die Rutsche vom Hügel hinunter wird stark genutzt. Sie führt jedoch in einen Sandspielbereich, was regelmäßig zu Konflikten führt. Es wird verschiedentlich vorgeschlagen, die Rutsche steiler zu machen oder zwei Rutschen zu installieren. Es fehlen Sitzgelegenheiten auf dem Hügel. Hierzu würden sich ggf. die alten Tribünensteine eignen (genannter Vorschlag).

An der Westseite des Hügels führen Trampelpfade direkt in das „Höhlengebüsch“.

Es gibt in diesem Bereich auch Konflikte, wobei unklar bleibt, worin hier die Ursachen liegen.

Besondere Anmerkungen der Schüler:
Rutsche zu klein.

„Arena“ (F4-H6)

Die kleinen Holzhäuser werden als zu klein empfunden. Sie werden zudem oft zerstört (nicht von Schulkindern). Die Kinder lieben sie.

Es kam der Vorschlag, hier Schaukeln aufzustellen. Die TT-Platten werden immer mal wieder stark genutzt, zzt. z.B. für Aufziehkreisel (gute Lauffläche). Sind attraktiv, wenn z.B. auf Klassenfahrten viel TT gespielt wurde.

Die Fläche wird zum Fangen spielen oder für andere Gruppenspiele verwendet.

Der Bereich (inkl. Hügel) wird insgesamt als sehr positiv wahrgenommen, wohl wegen der gegebenen Strukturierung.

Die Abgrenzung zur Zeisigstraße hin sollte vielleicht durch einen Wall ersetzt werden (Zaun gefährlich, Wall bietet den Anwohnern zudem Abgrenzung).

Besondere Anmerkungen der Schüler:
Häuser sind blöd, zu alt, zu klein, sollten weg.

Wiese (A7-D11)

Im Kollegium ist unklar, wie die Nutzung geklärt ist. Einige denken, dass es nicht zur Pausennutzung gestattet ist, andere erlauben das Bespielen mit Geräten (Federball, Family-Tennis etc.) aus dem Spielcontainer (B6). Die Fläche wird regelmäßig insbesondere durch die Vorschule genutzt. Hier werden insbesondere Ballspiele,

Picknicks, Indianerspiele mit Zelten und Kreisspiele aller Art genannt.

Insbesondere im Bereich von C 10/11 bekommen die Aufsichten Konflikte nicht mit. Dies geschieht nur, wenn eine Aufsicht geholt wird.

Besondere Anmerkungen der Schüler:
Hier kann man ausruhen / Hier leider kein Spielen erlaubt / Rasen toll, groß, gut zum Picknicken.

Spiel- und Gerätecontainer (B6)

Fahrgeräte werden im Umkreis des Containers und in der vorderen Asphaltfläche genutzt.

Konflikte entstehen durch verschiedene Nutzungen auf engem Raum bzw. an der Ausleihe beim Schlangestehen. Zudem gibt es räumliche Kollisionen mit denen, die auf Zutritt zur Halle warten (für Sportunterricht).

Der Zustand des Containers wird allgemein als schlecht bezeichnet.

Besondere Anmerkungen der Schüler:
Mehr Leder- und Basketbälle. Bälle sollen härter sein (aufgepumpt).

Zu wenige Spielsachen / zu Klein / bessere Fahrzeuge!

Rückseite der Sporthalle (A5)

Dieser Bereich ist durch die Aufsichten nur schwer kontrollierbar, wird durch die Kinder aber genutzt (wohl auch weil er schwer kontrollierbar ist). Die Rückwand ist mit vielen Graffitis versehen. Es scheint dadurch zudem eine hohe Abnutzung der Laufbahn zu entstehen.

Besondere Anmerkungen der Schüler:
Streitort

Sonstiges

Der Komposthaufen (F2) wird z.T. als dreckig, z.T. als sinnvoll bewertet.

Es werden Erholungsorte für das Kollegium gewünscht. Vorschlag: im neu angelegten Gartenbereich (E8-F11).

Der bei F10/11 gelegene Container erscheint als gefährlich, da er riskant beklettert wird.

Es wird allgemein das Fehlen von Sitzgelegenheiten geäußert.

Das Kollegium trat im Rahmen der Ergebnisvorstellungen in eine kurze Diskussion über den Umfang und die Qualität der Aufsichtstätigkeit ein. Das allgegenwärtige Kontrollieren wird hinterfragt.

Besondere Anmerkungen der Schüler:
Gänge werden als unschön empfunden.

Pausenhalle und Bücherei zu klein. Klasse zu klein.

Entwicklungsperspektiven
Ebenfalls im Klassenverband wurden durch die Schülerinnen und Schüler Ideen für eine Veränderung des Geländes gesammelt. Schon vor der Schülerkonferenz, auf der die Ideen zusammengetragen wurden, suchte jede Klasse für sich ihre fünf besten Ideen aus.

Auf der Schülerkonferenz, waren dann alle Klassensprecher der Schule vertreten (je Klasse zwei Personen). Sie stellten die Wünsche ihrer Klasse vor und vertraten sie auch dann, wenn es gar nicht ihre persönlichen Wünsche waren.

Die Ideen der Kinder wurden von ihnen selbst Kategorien zugeordnet, die vorher durch das Moderationsteam erläutert worden waren (Bewegungsangebote, Ort zum Unterhalten, Orte zum Ausruhen, Orte zum Zurückziehen). Es ergaben sich so schnell Doppelungen, so dass nach Vorstellung aller Ideen einiges bis zu zehnmal, anderes nur ein einziges Mal genannt worden war. Durch unterschiedliche Farben für die jeweiligen Klassenstufen, konnte auf einen Blick erkannt werden, in welcher Kategorie aus welcher Klassenstufe viele bzw. wenige Anregungen kamen.

Abschließend hatten alle anwesenden Kinder die Möglichkeit die verschiedenen Ideen mit Punkten zu versehen, also zu bewerten. Am Ende der Konferenz waren somit aus den zahlreichen Ideen der einzelnen Schülerinnen und Schüler in den Klassen und den besten Vorschlägen aus den Klassenverbünden, die wichtigsten Ideen für die Schule geworden.

Einrichtungen des Stadtteils als Nutzer des Geländes
Mit der Umgestaltung des Schulgeländes war seitens des Quartiers der Wunsch verbunden, die Nutzung stärker auf die Kinder und Jugendlichen im Umfeld zu orientieren. Um die Bedarfslage hierzu und mögliche Anregungen zur Gestaltung aus dieser Nutzergruppe zu gewinnen, führte das Moderationsteam in zwei Einrichtungen etwa zweistündige Diskussi-

onsrunden durch. Zum einen waren Eltern einer Kindertagesstätte aufgefordert sich zu beteiligen, zum anderen die Besucher eines Jugendkellers. Mit beiden Gruppen wurde zunächst das Quartier in Bezug auf seine möglichen öffentlichen Spiel- bzw. Aufenthaltsräume analysiert. Daraus ergaben sich unmittelbar Fehlbedarfe, ggf. Anregungen für Gestaltungen des Hofes. Zudem formulierten die Gruppen auch verschiedene konkrete Ideen für das Gelände.

Aber auch die Erwachsenen erhielten Gelegenheit, ihre Ideen in den Prozess der Umgestaltung einzubringen. Bei diesem Schritt war es entscheidend, dass Schule und Quartier gemeinsam Ideen entwickelten. Hierzu wurde ein gemeinsamer Workshop an einem Freitagnachmittag durchgeführt, bei dem Vertreterinnen und Vertreter der Schule und des Stadtteils gemeinsam gearbeitet haben. Den Teilnehmerinnen und Teilnehmern wurde dabei zunächst die räumliche Situation aus Sicht der umsetzenden Landschafts-Architektin geschildert. Mit zahlreichen Abbildungen und Erläuterungen gelang es ihr, einen Eindruck von Machbarem und Unmöglichem zu vermitteln. Daran anschließend stellte das Moderationsteam die wichtigsten Ideen und Wünsche der Schülerinnen und Schüler und auch der besuchten Einrichtungen des Stadtteils vor. Hieran orientierte sich dann die folgende Arbeit mit den Erwachsenen im Workshop. Auf diesem Wege gelang es, die von den Schülerinnen und Schülern erarbeiteten Grundlagen in die weitere Arbeit zu integrieren. In Kleingruppen und Plenumsrunden wurden verschiedene Umgestaltungsvorschläge erarbeitet.

Die gesammelten Vorschläge wurden zum Ende des Workshops gerankt, so dass eine klare Prioritätensetzung ersichtlich wurde.

Die Teilnahme der Architektin war dabei ausgesprochen hilfreich, da die Realisierbarkeit von Ideen unmittelbar beurteilt werden konnte. Teilgenommen haben darüber hinaus Vertreterinnen und Vertreter der zuständigen Behörden, die für die Finanzierung des gesamten Projektes verantwortlich waren. Auch die finanziellen Spielräume konnten somit sofort beurteilt werden.

Die Teilnahme der Architektin und der Behördenvertreter sicherte zudem die Transparenz des Verfahrens in beide Richtungen. Die betroffenen Anwohner, Eltern und Lehrer erhielten Einblicke in Entscheidungsprozesse, die Entscheidungsträger bekamen unmittelbare Eindrücke von den Bedürfnislagen und Notwendigkeiten der Nutzerinnen und Nutzer vor Ort.

Der Vorentwurf

Die Landschaftsarchitektin erarbeitete in der Folgezeit einen Vorentwurf aus den zahlreichen Ideen des Beteiligungsprozesses. Der Entwurf wurde zur Präsentation und Kritik zunächst der Lehrerkonferenz vorgestellt, anschließend im Quartierbeirat diskutiert und im Folgenden dem Ortsausschuss zur Zustimmung vorgelegt. Parallel wurde die Öffentlichkeit im Rahmen des Schulfestes im Sommer über die konkreten Gestaltungsvorschläge des Architekturbüros informiert.

Das Schulfest

Das Schulfest wurde nicht nur zur Vorstellung des Architektenentwurfs genutzt, sondern auch um den gesamten Beteiligungsprozess zu dokumentieren. Mit zahlreichen Fotos wurde der Ist-Zustand des Hofes dokumentiert. Farblich bearbeitete Skizzen des Hofes, die von Kindern erarbeitet worden waren, zeigten die verschiedenen Nutzungsareale des Geländes. Schließlich wurden die phantasievollen Wunsch-Zeichnungen der Schülerinnen und Schüler und ein sehr großer Wunschbaum präsentiert.

Mittelpunkt des Schulfestes waren jedoch zwei erste Mitmachaktionen: Schüler, Eltern, Lehrer, das Quartiersbüro und der Hausmeister der Schule sanierten zwei Holzhäuschen und installierten ein Klangspiel aus Holzmaterialien. Diese ersten Aktionen sollten den Willen aller beteiligten Personen dokumentieren, bei der Umgestaltung selber mitzumachen. Die Beteiligung sollte nicht beim Vorentwurf enden, sondern nur ihre Form ändern.

Die Zukunft

Die Zusammenarbeit zwischen Schule und Quartier im Rahmen des Projektes fand in einer sehr konstruktiven Atmosphäre statt. Waren zu Beginn noch einige gegenseitige Vorbehalte deutlich zu spüren, so entwickelte sich im Weiteren ein vertrauensvolles Miteinander. Hilfreich war dabei die Vermittlung durch das Moderatorenteam, das durch seine Überparteilichkeit weder der Schule noch dem Quartier verpflichtet war.

Die zukünftige Kooperation von Schule und Quartier wurde durch die Benennung von Kontaktpersonen gewährleistet. Möglichen Problemen im Miteinander soll so auf einer informellen Ebene begegnet werden können.

Das konkrete Gestalten wurde nicht allein durch beauftragte Firmen übernommen, sondern in einem realisierbaren Rahmen auch durch die Schule selber, d.h. Lehrer, engagierte Eltern, dem Quartier und dem Hausmeister. Dies war nicht zuletzt auch wegen der finanziellen Eigenbeteiligung wichtig, die durch die mittelbewilligenden Stellen eingefordert wurde.

6.4 Anmerkungen

1 Mehr über die Arbeit des Hamburger Forum Spielräume erfahren Sie auf der Homepage: http://www.rrz.uni-hamburg.de/forum/.

2 Siehe dazu u.a. den Beitrag von: Hamburger Forum Spielräume (Hrsg.) (1997): Schulen in Bewegung. Projekt zur Entwicklung von Schulräumen als Orte ökologischer, bewegungs- und gesundheitsfördernder Gestaltungsmöglichkeiten. Erster Zwischenbericht.

3 Wir weisen darauf hin, dass wir um der besseren Lesbarkeit willen die männliche Form der Bezeichnung von beteiligten Personengruppen wählen.

4 Langeveld, M. (1956): Studien zur Anthropologie des Kindes. Tübingen.

5 Siehe dazu: Dietrich, Baumann, N./Dietrich, K./ Gottschalk, I./ Hollmann, H. (2001): Schulen in Bewegung. In: Dietrich, K./ Moegling, K. (2001): Spiel- und Bewegungsräume im Leben der Stadt. Sozial- und erziehungswissenschaftliche Untersuchungen und Projekte. Butzbach-Griedel. AFRA Verlag. Dietrich, K. (2001) Schule in Bewegung. In: Alisch M. (Hrsg.): Sozial – Gesund und nachhaltig. Opladen. Leske und Budrich.

6 Diese Reihe von Argumentationen wurde sinngemäß einem Bericht über die Schulhofgestaltung der Schule Karl-Arnold-Ring in Hamburg entnommen. – Stattbau Hamburg (Hrsg.) (2002): „Den hatten wir ja so bestellt" – Der neue Schulhof – Dokumentation eines Beteiligungsprozesses in der Grundschule Karl-Arnold-Ring 13. Hamburg, Eigenverlag.

7 Die Kennzeichnungen (B2 ...) sind Ortsangaben in einem über dem Geländeplan gelegten Raster aus großen Buchstaben und Zahlen. Sie erlauben eine übersichtliche Verortung einzelner Aktivitäten bzw. Raumbereiche.

8 Bewertungsschema aus der Realisierungskonferenz im Schulzentrum Allermöhe West.

9 Im Internet sind unter der Adresse http://www.wegweiser-buergergesellschaft.de beispielhaft Modelle und Methoden beschrieben, die weitere genauere Beschreibungen liefern und auf einschlägige Literatur hinweisen.

10 Auch hier verweisen wir auf die in Anmerkung 1 angegebene Internetadresse.
11 LUK (Landesunfallkasse) und GUV (Gemeinde-Unfallversicherung) sind Beispiele für die für Schulen zuständigen Unfallversicherungsträger.
12 Anmerkung über die Schule.
13 Anmerkung: Über dieses Projekt liegen weitere Kurzberichte vor wie: • Weg und Werden des Spielhügels oder was ist eigentlich ein Kreativprojekt? • Weidentipis – Reparatur und Erweiterung • Ballwand.

6.5 Literatur

Das Literaturverzeichnis enthält neben einiger grundlegender Literatur, die auch theoretische Vertiefungen bietet, zahlreiche Berichte zu Beteiligungsprojekten. Diese sind zumeist über die Verfasser zu beziehen. Im Anschluss an das Literaturverzeichnis finden Sie zudem einige Internetadressen, unter denen Sie weitere Informationen erhalten können.

Literaturverzeichnis

Adge, G./Belzig, G./Richter, J./Settelmeier, D. (2002): Spielgeräte, Sicherheit auf Europas Spielplätzen. Berlin/Wien/Zürich

Akademie für Lehrerfortbildung Dillingen (Hrsg.) (1994): Hundertundeine Idee zur Gestaltung des Schulgeländes. Akademiebericht Nr. 246, Eigenverlag

Apel, P./Pach, R. (1997): Kinder planen mit. Unna

AuGaLa (Hrsg.) (o.J.): Naturnahes Schulgelände, Beratungsunterlagen. o.O., Eigenverlag

Baumann, N./Dietrich, K./Gottschalk, I./Hollmann, H. (2001): Schulen in Bewegung. In: K. Dietrich/K. Moegling (Hrsg.): Spiel- und Bewegungsräume im Leben der Stadt. Sozial- und erziehungswissenschaftliche Untersuchungen und Projekte. Butzbach-Griedel

Brodtmann, D. (1998): Gesundheitsförderung. In: Sportpädagogik, 3/1998

Bronfenbrenner, U. (1981): Die Ökologie der menschlichen Entwicklung. Stuttgart

Bundesverband der Unfallkassen (2001): Unser Schulhof. Probleme einer kindgerechten und sicheren Gestaltung. München
de Haan, G. (2004): Die Zukunft der nachhaltigen Bildung. In: lynx 1/04
Die Landesregierung Schleswig-Holstein (1996): Planen mit Phantasie. Berlin/Kiel
Dietrich, K./Landau, G. (1979): Soziales Lernen. In: Sportpädagogik 1/1979
Dietrich, K. (1992): Bewegungsräume. In: Sportpädagogik 2/1992
Dietrich, K. (1998): Spielräume zum Aufwachsen. In: Sportpädagogik 6/1998
Dietrich, K. (2001): Schule in Bewegung. In: M. Alisch (Hrsg.): Sozial – Gesund und nachhaltig. Opladen
Dietrich, K. (2002): Warum brauchen wir erlebnisreiche, anregende und bewegungsfördernde Schulhöfe? In: J. Bura (Hrsg.): Bericht über die Schulhofgestaltung der Schule „Karl-Arnold-Ring“ in Hamburg-Harburg. Hamburg
Funke-Wienecke, J. (1997): Soziales Lernen. In: Sportpädagogik 2/1997
Gemeindeunfallversicherungsverband, GUVV (2000): Schulhöfe planen, gestalten, nutzen. Münster, Westfalen-Lippe: Eigenverlag
Hamburger Forum Spielräume (1996): Schulhofgestaltung. Begleitmaterial zur Ausstellung des Kompan-Instituts. Hamburg, Eigenverlag
Hamburger Forum Spielräume (1997): Schulen in Bewegung. Projekt zur Entwicklung von Schulräumen als Orte ökologischer, bewegungs- und gesundheitsfördernder Gestaltungsmöglichkeiten. Erster Zwischenbericht. Hamburg, Eigenverlag
Hamburger Forum Spielräume (1997): Zur Beteiligung von Schülerinnen und Schülern an der Schulraumgestaltung. Bericht über ein Beteiligungsprojekt. Hamburg, Eigenverlag
Hamburger Forum Spielräume (1998): Schulraumgestaltung und Schulprogramm. Tagungsbericht des Netzwerks „Bewegte Schule“. Hamburg, Eigenverlag
Hamburger Forum Spielräume (1999): Schulhofgestaltung und Schulhoföffnung. Tagungsbericht des Netzwerks „Bewegte Schule“ (in Vorbereitung). Hamburg, Eigenverlag

Hohenauer, P. (1995): Spielplatzgestaltung, naturnah und kindgerecht. Wiesbaden/Berlin

Land Brandenburg (1998): Kinder und Jugendliche bestimmen mit. Brandenburg: Eigenverlag

Lange, U./Stadelmann, Th. (1996): Spielplatz ist überall. Freiburg

Langeveld, M. (1956): Studien zur Anthropologie des Kindes. Tübingen

Lässer, L./Oberholzer, A. (1995): Gärten für Kinder. Stuttgart

Marek, R. (2003): Vom Wahrnehmen zum Handeln: Erlebnispfad auf dem Gelände des Zentrums für Schulbiologie und Umwelterziehung (ZSU), Hamburg

Ministerium für Frauen, Jugend, Wohnen und Städtebau des Landes Schleswig-Holstein (1997): Mitreden – mitplanen – mitmachen. Berlin/Kiel

Niedersächsisches Kultusministerium/Techniker Krankenkasse (Hrsg.) (o.J.): Bewegte Schule, Beratungsmappe, Hannover: Eigenverlag.

Pappler, M./Witt, R. (2001): NaturErlebnisRäume. Neue Wege für Schulhöfe, Kindergärten und Spielplätze. Seelze

Schule Mendelstraße in Hamburg-Lohbrügge: „Schritt für Schritt zur Bewegten Schule". Entwicklungs- und Erfahrungsbericht. Hamburg, Eigenverlag

Stattbau Hamburg (Hrsg.) (2002): „Den hatten wir ja so bestellt" – Der neue Schulhof – Dokumentation eines Beteiligungsprozesses in der Grundschule Karl-Arnold-Ring 13. Hamburg, Eigenverlag.

v. Hentig, H. (1993): Die Schule neu denken. München/Wien

von der Horst, R. (1999): Kindergarten- und Schulhofgestaltung. Paderborn

Weinert, F.E. (2000): Lehren und Lernen für die Zukunft – Ansprüche an das Lernen in der Schule. In: Pädagogische Nachrichten Rheinland-Pfalz 2/00. Sonderseiten 1-16

Zeitschrift Sportpädagogik (o.J.): „Bewegte Schule", Sammelband Velber

Zeitschrift Sportpädagogik (1998): Themenschwerpunkt „Spielräume" (6/1998)

Zeitschrift Sportpädagogik (1995): Themenschwerpunkt „Bewegte Schule" (6/1995)

Zeitschrift Sportpädagogik (1992): Themenschwerpunkt „Bewegungsräume" (4/1992)

Empfehlenswerte Internetadressen

www-rrz.uni-hamburg.de/forum.(hier erhalten Sie weitere Informationen über die Arbeit des Hamburger Forum Spielräume)
www.Schulfoerderverein-Kirchlinteln.de
www.schulhofnetzwerk.de (Berlin)
www.luk-hamburg.de. Informationsmaterial zur kindgerechten und sicheren Schulhofgestaltung können Sie auch kostenfrei bei Ihrem Unfallversicherungsträger bestellen
www.bewegteschule.de (u.a. zum Thema Bewegung und Architektur)

Kontakte

AuGaLa, Tel.: 0 22 24/77 07 - 0
Akademie für Lehrerfortbildung Dillingen, Postfach, 89401 Dillingen

6.6 Die Autorinnen und Autoren

Dr. Knut Dietrich
Prof. em. für Sportpädagogik an der Universität Hamburg. Mitbegründer des Hamburger Forum Spielräume. Publikationen zu Bewegungsraum Stadt und zur Bewegungs- und Entwicklungsförderung von Kindern
Voßbarg 19, 21217 Seevetal, Tel.: 041045/159783
E-Mail: knut-dietrich@t-online.de

Regina Hass
Lehrerin an einer Hamburger Gesamtschule, freiberufliche Tätigkeit als Bewegungspädagogin und Begleiterin von Beteiligungsprozessen, mehrjährige Tätigkeit als Spielraumberaterin bei einem Dänischen Spielgerätehersteller, Forschungstätigkeit mit dem Hamburger Forum Spielräume in den Bereichen „Spielwert“, „Spiel und Risiko“ und „Resilienz“
Cranachstr. 54, 22607 Hamburg,
E-Mail: ReginaHassRH@gmx.de

Regina Marek
Umweltberatungslehrerin für Hamburger Schulen, Leitung des Arbeitsbereiches Schulgarten im Zentrum für Schulbiologie und Umwelterziehung; Arbeitsschwerpunkte: Bildung für eine nachhaltige Entwicklung, Umwelterziehung, ökologische Schulgeländegestaltung, Fortbildungen, Workshops und Beratung zum Schulgelände, Ausschreibung „Umweltschule in Europa“ und internationale Agenda Schule-21, Zertifizierung von Schulentwicklungsprozessen
Hemmingstedter Weg 142, 22609 Hamburg
Tel.: 0 40/82 31 42-0, Fax: 0 40/82 31 42-22
E-Mail: regina.marek@li-hamburg.de

Christoph Porschke
Umweltpsychologe, MA, Dipl. Verwaltungswirt (FH), Hamburger Forum Spielräume, c/o Universität Hamburg, Fachbereich Bewegungswissenschaft; Arbeitsschwerpunkte: Beteiligungsverfahren, Evaluationen und wissenschaftliche Begleitung von Projekten im Bereich Kinder-, Jugend- und Seniorenarbeit, Stadtteilanalysen
Mollerstraße 10, 20148 Hamburg
E-Mail: porschke@uni-hamburg.de

Kirsten Winkler
Dipl.-Ing. Landschafts- und Freiraumplanung, Freischaffende Landschaftsarchitektin, Büro: Winkler-Landschaftsarchitekten; Arbeitsschwerpunkt: Spielraumplanung, Außenanlagen von Schulen und Kindertagesstätten, Fortbildungen, Workshops und Beratung zum Außengelände, Planung mit den Beteiligten, Gestaltung von öffentlichen Spiel- und Parkanlagen
Am Steinbecker Feld 71, 21244 Buchholz
Tel.: 0 41 81/29 46 80, Fax: 0 41 81/29 46 81
E-Mail: Winkler-LA@t-online.de

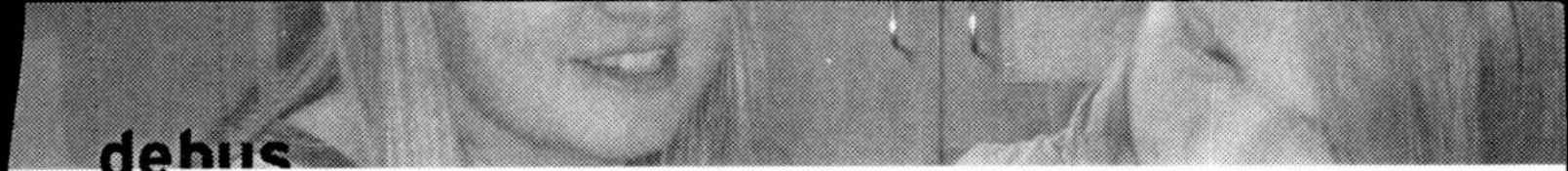

debus PÄDAGOGIK

Frank Müller

Differenzierung in heterogenen Lerngruppen

Praxisband für die Sekundarstufe I

Unterricht differenziert zu gestalten ist eine der wesentlichen Forderungen, die heutzutage an Lehrkräfte gerichtet werden. Geeignete Hilfestellungen erhalten die Lehrerinnen und Lehrer jedoch kaum. Sie benötigen aber vor allem praktische Hilfen, Beispiele und Vorlagen sowie Methoden, die sofort im Unterricht umgesetzt werden können.

Die vielen praxisnahen und alltagstauglichen Beispiele in diesem Buch nehmen den Lehrkräften die Angst und befähigen sie, mit schnellen und einfachen Mitteln Differenzierungswege zu beschreiten.

Das Buch richtet sich an Lehrerinnen und Lehrer, die in den Klassenstufen 5-10 unterrichten. Alle Kopiervorlagen sind auch zum Ausdrucken auf CD erhältlich.

Buch: ISBN 978-3-95414000-8, 200 S., DIN-A4 mit Kopiervorlagen, € 28,00

CD: ISBN 978-3-95414001-5, (mit Kopiervorlagen zum Ausdrucken), € 14,80

Paket (Buch und CD): ISBN 978-3-95414003-9, € 34,80

Frank Müller

ist Dozent am Erziehungswissenschaftlichen Fort- und Weiterbildungsinstitut in Landau. Er hat einen Lehrauftrag an der Universität Koblenz-Landau und war sowohl als Fachleiter Deutsch als auch in der Schulleitung tätig. Er ist Autor mehrerer pädagogischer Publikationen.

debus PÄDAGOGIK

Ad.-Damaschke-Str. 10, 65824 Schwalbach/Ts.
Tel.: 06196/86065, Fax: 06196/86060
info@debus-paedagogik.de
www.debus-paedagogik.de